Inhalt

Einleitung	1
Steckbrief	4
Reich Gottes bis Beginn der Schöpfung	5
Von der Schöpfung bis Abraham	6
Von Isaak bis Joseph	53
Mose und Josua	63
Zeit der Richter und Samuel	153
Zusammenfassung der Merkmale des Reiches Gottes	169
Nachwort	177

Herstellung und Verlag:
BoD - Books on Demand, Norderstedt
ISBN 978-3-7357-1994-2

Einleitung

Wenn ich ein Buch schreibe, geht es mir nicht darum, zu irgendeiner Sache auch noch mein Scherflein dazu beizutragen. Und gerade wenn es um das Reich Gottes geht. Da gibt es bereits so viele gute Bücher. Also warum schreibe ich? –
Nun, zu einem (gewichtigeren) Teil, weil ich empfinde, dass Gott es von mir so wünscht und zum zweiten weil ich möchte, dass jeder der es liest Gott und Gottes Reich besser kennen lernt.
Und hier geht es mir nicht darum aufzuzeigen, welche Prinzipien anzuwenden seien um erfolgreich zu sein. Auch geht es nicht darum, wie das 1000 jährige Reich aussehen wird und was da alles läuft. Nein, meine Absicht ist es allein, das Reich Gottes aufzuzeigen in welchem jeder einzelne gläubige Christ bereits lebt und auch leben wird wenn das 1000 jährige Reich bereits Geschichte und längst vergangen ist. Es geht darum ein Verständnis davon zu bekommen, wo ich meine Ewigkeit verbringen werde und wie. Und mehr noch – Gottes Absichten, Seine Herrschaft und Wesen kennen zu lernen. Schließlich ist es von Wichtigkeit, wenn der Sohn Gottes ein Großteil des Gesagten für das Reich Gottes verwendet. Allerdings weiß ich bereits jetzt, dass nicht jeder Leser mit dem hier Gesagtem übereinstimmen wird oder vielleicht etwas zu

ergänzen hätte. Aber es ist auch nicht die Absicht es allen recht zu machen, sondern die Dinge so zu zeigen, wie ich meine, Gott sie mir erklärt hat. Und die Bibelstellen sollen ein stückweit das belegen. Daher ist es auch kein Lesebuch im landläufigen Sinne. Eher schon eine Nachschlagewerk oder noch besser Nach-denk-werk. Es soll zum nach-denken/sinnen anregen und zur Festigung der Beziehung zu Gott als Vater, als Herrscher des Weltalls, als kreativer Schöpfer u.v.m. führen. Dazu möchte ich auch erwähnen, dass die Formulierungen bewusst gewählt sind und somit auch Ihren bestimmten Zweck des Nachdenkens erfüllen sollen. Mein Wunsch ist es ein stückweit ähnliches dazu beizutragen, wie es Oswald Chambers' Motto gewesen ist – „Mein Äußerstes für Sein Höchstes". Allerdings ohne mich in irgendeiner Weise mit ihm vergleichen zu wollen. Es gibt für mich als Christen ein höheres Ziel und eine tiefgreifendere Identität als ich bisher je gedacht hätte.

Wenn ich in meiner Anrede das Du verwende, möchte ich von vornherein klar stellen, dass dies nicht despektierlich sein soll. Eher ist es dazu gedacht die persönliche Note, welche jeder Mensch in Bezug auf Gott hat herauszustellen. Deshalb, wenn dieses Buch dazu dient, dass Du ermutigt wirst, dass Du Gott danach besser kennst, dass Du anfängst in Deine Berufung hineinzukommen, oder auch nur lernst die Gegenwart

Gottes zu genießen dann, bin ich Gott dankbar, dass ER mich gedrängt hat anzufangen über SEIN Reich zu schreiben.

Aber nicht nur Gott bin ich dankbar. Ich danke allen, die dazu beitragen, dass die Wahrheiten dieses Buches zu einem neuen Verständnis in der Beziehung zu Gott führen. Meinen Dank möchte ich an dieser Stelle auch all jenen Menschen geben, die dazu beigetragen haben zu dem zu werden, der ich heute bin. Besonders dankbar bin ich für Pastor Wolfram Kopfermann mit seiner Familie und Pastor Heinz Flade mit seiner Familie und auch Familie Hannemann, welche die Grundlagen meines Glaubens gelegt haben. Dann all meinen Leitern des Glaubenszentrum Wolfenbüttel/Bad Gandersheim die mir gezeigt haben wie sehr das Glaubensleben mit einem geheiligten Charakter zu tun hat (ich zehre noch heute davon). Außerdem Stefan Driess, der mir geholfen hat, mehr hinzuhören wenn Gott spricht. Zu guter Letzt auch meine Kinder Patrick und Iris und sowie der Rest meiner Familie, die mich herausgefordert haben zu lernen, was es heißt ein Vater zu sein und meine liebe Frau Daniela, welche mir mit viel Geduld und Gebet zur Seite steht.

Danke für Eure aufopfernde Liebe

**

Das Reich Gottes

Steckbrief

Regierungsform: Theokratie (Herrschaft durch Gott)

Regierung: Gott

Legislative (Gesetzgebende Gewalt): Gott

Judikative (Rechtsprechende Gewalt): Gott

Exekutive (Ausführende Gewalt): Gott + eingesetzte Autorität durch Gott

Herrschaftsbereich: All – umfassend

Gesetzesgrundlage: Liebe, Naturgesetze, 10 Gebote, Ordnungen im Allgemeinen

Wirtschaftsform: Subventionierte soziale Marktwirtschaft

Bürger: Gottes geschaffene Wesen (Engel in Ihrer Art, Menschen [Israeliten, Christen])

✶✶

Das Reich Gottes bis zum Beginn der Schöpfung

Zu aller Anfang erlebe und erfahre ich, dass Gott alleine herrscht[1] und Autorität in Seinem Ermessen verteilt[2]. So sind die Engel geschaffen[3] und IHM untergeordnet[4].
Sie haben jedoch Verantwortung jeweils für die Sterne und teilweise Aufgaben, die Gott ihnen zuteilt[5]. Auf der Erde sind die Autoritätsverhältnisse anders gestaltet.
Ursprünglich scheint die Erde, vor Beginn der Aufzeichnung der Bibel, ein bearbeiteter Planet gewesen zu sein; was auf das hebräische Wort wurde (in vielen Bibelübersetzungen heißt es war) als Grundwort in „wurde wüst und leer" hindeutet[6]. Dieser Zustand könnte darauf zurückzuführen sein, dass dies eine direkte Auswirkung des „Rauswurfs" Luzifers aus Gottes unmittelbarer Gegenwart ist[7].
Was sind die Gründe für den Rauswurf?

---

[1] 5.Mose 4,39 ; 5.Mose 32,39
[2] 1.Mose 1,26 ; 1.Sam. 9,17 ; Hiob 38,29 ; 2.Mose 23,20 ; 1.Kön. 22,22
[3] Jes. 40,26 ; Hes. 28,15
[4] Jes. 45,12 ; Ps 103,20
[5] Jud ,6 ; Neh 9,6 ; Jes 40,26 ; Ps 147,4
[6] Jes. 45,18 ; Jes. 14,17
[7] Lk 10,18 ; Jes. 14,12 ; Mt 13,19 ; Joh 8,44

In Jesaja 14[8] werden diese aufgelistet. Es sind: Selbstüberschätzung, Selbstgleichstellung, Selbsteinsetzung und letztlich ein sich über Gott erheben. Das bedeutet Rebellion bzw. noch mehr – Revolution.[9]
Wie konnte das geschehen?
So wie uns das Wort beschreibt, war Luzifer mit der Höchste Engel nach Gott und es gab fast nichts, was ihm von Gott nicht bekannt war[10]. Er war derjenige, welcher die Ehrungen Gottes anleitete[11]. Ein Gedanke in ihm könnte gewesen sein – warum immer nur Gott, warum nicht auch ich[12]? – Und so werden Vergleiche angestellt. Und von Stellung, Autorität und Begabung her meinte er sich das Recht herausnehmen zu dürfen[13]. Aber Gott als Herrscher und Schöpfer kann, als Alleinherrscher[14], solch eine Auflehnung nicht zulassen. Und so wurde dem Luzifer seine Ränge, Ämter und Gottesunmittelbare Gegenwart entzogen[15]. Was zur Folge hat, dass er seit dem noch nicht einmal mehr als Bittsteller sondern vielmehr als Verkläger sprich Ankläger auftritt, welcher auf dieselben Dinge hinweist, wie die, welche ihn zum Verlust von Allem

---

[8] Jes 14,12-14
[9] Hes 28,15-18
[10] Hes. 28,14+15 ; Jud. ,9
[11] Jes 14,11
[12] Jes. 14,14
[13] Hes. 28,12b ; Hes. 28,14+15 , Hes. 28, 17
[14] Ps 103,19 ; 1.Mose 4,39
[15] Hes 28,17c ; Hes. 28,18c ; Jes. 14,15+16

gebracht haben[16]. Luzifer wurde also abgesetzt und ist niedriger als jeder andere Engel[17], der nicht rebelliert[18] hat. Dennoch gehen andere Engel nicht so weit, ein Urteil über Luzifer zu äußern[19]. Dies obliegt allein Gott[20]. Und da Gott allgegenwärtig ist[21], ist es auch einem Luzifer nicht möglich zu fliehen bzw. sich Gott zu entziehen. Nachdem er also nicht mehr in Gottes unmittelbarer Nähe war, wurde ihm ein „Raum" in der Sphäre der Erde[22] gegeben. Dies war zu Anfang sowohl ein geistlicher wie körperlicher Raum. Es gab keine Trennung. Luzifer war ab seinem „Rauswurf" immer nur geduldet[23]. Denn zu jeder Zeit gehörte, gehört und wird Alles Gott gehören[24]. Was und wie es war kann nicht zweifelsfrei gesagt werden, da es im Wort nur mögliche Ansätze zu einer Hypothese gibt. An diesen Diskussionen möchte ich mich jedoch nicht beteiligen. Allerdings kann ich ein erstes Fazit ziehen:

Gott ist alleiniger Herrscher[25] und anbetungswürdig[26]. Und ER lässt Sich Seinen Ruhm und Ehre von

---

[16] 1. Mose 3,5 ; Hiob 1,6-11 ; Sach 3,1 ; Off 12,10
[17] Hiob 1,6-11 ; Dan 10,13 ; Jud. ,9
[18] 1.Mose 6,2 ; Jud. ,6 ; Off 12, 7+9
[19] 2.Pe 2,11 ; Jud. ,9
[20] Ps 50,6 ; Ps 82,1
[21] Ps 19,2+7 ; Ps 139,7-8 ; 1.Kön. 8,27 ; Ps 102,26
[22] Hes. 28,17 ; Eph 6,12 ; Eph 2,2
[23] Hiob 1,6-7
[24] Ps 89,12
[25] Ps 103,19 ; 5.Mose 4,39
[26] Ps 29,2

niemandem nehmen[27]. Auch muss verstanden werden – jede Art von Auflehnung gegen Gott ist nicht allein eine Auflehnung gegen eine Person sondern, eine Auflehnung gegen die bestehende Ordnung[28]. Die Folge einer Auflehnung wäre das Chaos[29]. Und das könnte im Kleinen Rahmen auf der Erde passiert sein, nachdem Luzifer kein anderer Platz mehr blieb.

Von der Schöpfung bis Abraham

Wo ich jedoch ansetzen kann, ist bei dem Beginn der Schöpfung und deren Bericht. Gott wirkt im wahrsten Sinne schöpferisch[30]. Wenn ich genau hinsehe oder noch besser gesagt hinhöre, werde ich feststellen, Gottes Kreativität und schöpferisches Handeln und Sein ganzes Handeln an sich fängt mit SEINEM Sprechen an[31]. Daraus, oder daraufhin geschieht etwas. Später werde ich darauf noch einmal zu sprechen kommen. Aber ich kann bis zu diesem Zeitpunkt bereits schon verschiedene Aspekte des Reiches Gottes und Seiner Regentschaft festhalten.

---

[27] Jes 42,8
[28] Jer 33,25
[29] 1.Kor 14,33
[30] Etwas schaffen, erschaffen ; Dinge aus dem Nichts entstehen zu lassen
[31] 1.Mose 1,3

1) Gott ist ein schöpferischer Gott. Das sehen wir an: Planeten[32], Engel[33], Schöpfungen der Erde (Klima, Pflanzen, Tiere und Menschen[34])
2) Gott ist „Besitzer", Herrscher, Richter - über Alles, was Er geschaffen hat und in Seinem Besitztum ist[35].
3) Gott ist derjenige, welcher eine Ordnung aufstellt. Dies sind sowohl Gesetze, die eingehalten werden müssen; an denen niemand vorbei kommt[36] und Gebote welche individuell für Gruppierungen gelten (z.B. Engel[37], Menschen[38], Israeliten[39], Nationen[40]) sowie Ratschläge, welche individuell für Personen gelten und die in deren eigenen Ermessen liegen diese anzunehmen oder abzulehnen[41].
4) Er ist der souveräne Herrscher[42], welcher sich an die gegebenen Ordnungen hält und auch in jeder Situation und bei jeder Kreatur durchzusetzen weiß[43]. Und dennoch auch die Möglichkeit besitzt außerhalb der Gesetze, Gebote und dergleichen zu handeln, wenn

---

[32] 1.Mose 1,16 ; Hiob 9,9
[33] Ps 8,6 ; Hes 28,13
[34] 1.Mose 1-3 ; 1.Mose 8,22 ; Jes 45,12
[35] 5.Mose 10,14 ; 1.Chr. 29,12 ; Hiob 19,29 ; Ps 50,6
[36] Hiob 28,26 ; 1.Mose 6,3
[37] 2.Pe 2,4
[38] Heb 9,27 ; Spr 28,5
[39] Dan 9,11 ; 5.Mose 4,44
[40] Röm 2,14
[41] Buch der Sprüche ; Ri 4,8-9 ; 2. Mose 18,14-26
[42] Hiob 38,33 ; Ps 45,7
[43] Ps 33,4 ; Klgl 2,17 ; 4.Mose 23,19

es darum geht Seine Absichten bekannt zu machen[44].
Dies ist Ihm möglich, da ER die Ordnungen gegeben hat und weiß, wie sie einzusetzen sind.

Ich kann also sagen, nehmen wir als Beispiel die Deutsche Gewaltenteilung, es liegen Legislative (Gesetzgebende Gewalt), Judikative (Rechtsprechende Gewalt) und Exekutive (Ausführende Gewalt) in Gottes Hand.

Heißt das jetzt, dass Gott als unumstrittener Herrscher wie ein Tyrann, Sklavenhalter oder dergleichen regiert? – Keineswegs!

Denn, wie schon gesagt, Gott hat sich selber unter Seine eigens gegebenen Ordnungen gestellt. Das bedeutet jedoch nicht, dass ER nicht die Möglichkeit hat über den gegebenen Ordnungen hinaus zu handeln. Dies kann besonders dort geschehen, wo jemand schwach ist und sich der Obhut und Hilfe Gottes anvertraut[45]. Ist Gott damit ein Gesetzesbrecher? – Auf gar keinen Fall!

Denn wer über Gesetze und deren Erfüllung steht, weil er selber es ist, der sie erlässt, der kann auch, wenn er es für notwendig hält außerhalb der „Gesetzmäßigkeiten" (ich spreche hier über hauptsächlich z.B. Naturgesetze) handeln. Dass ER sich also unter die gegebenen Ordnungen stellt, obliegt Seiner Freiwilligkeit. Wenn ich

---

[44] Jos 10,12-13 ; 2.Kön 5,9-14 ; 2.Kön 20,1-6
[45] 1.Mose 18,32-33 + 19,12-17 ; Hiob 37,23 ; 2.Kön 4,1-7 ; 1.Chr 4,10; Joh 5,4ff

also bei dem Schöpfungsakt beginne dann, widerspiegelt dieser nur ein Aspekt des Wesens Gottes und SEINER Souveränität dort zu handeln, wo und wie ER will.
Gleichzeitig setzt Gott einen Kontrapunkt gegen Luzifer. Um zu zeigen, dass es nicht um Autorität und Macht geht[46] sondern, in erster Linie um Identität und Wesen des Charakters[47], durch welchen sich ein Ausfluss von Autorität in all seinen Facetten ergibt. Wenn in dem Akt der Schöpfung immer wieder erwähnt wird, dass es (das Werk) „sehr gut" wäre. So muss ER,Gott, wohl selbst mit dem Werk und Seiner Arbeit hoch zufrieden gewesen sein. Vielleicht vergleichbar mit einer Arbeit, welche wir als Menschen anfangen und beenden und uns danach zufrieden sagen: „ich hätte es nicht besser machen können".
Und als Krone aller Schöpfung „erfindet und erschafft" ER den Menschen[48]. In welchem Verhältnis steht dieser nun zu den Engeln, Luzifer und dessen ebenfalls gefallenen Engeln?
Nun, in erster Linie ist er ein geschaffenes Wesen. Ähnlich wie die Engel, jedoch mit dem Unterschied, dass wohl der Mensch Gott ähnlicher sein muss als die Engel. Weil uns

---

[46] Sach 4,6 ; Apg 8,18-21 ; Ps 20,8 ; Mt 26,53
[47] Apg 13,22 ; 2.Mose 36,1 ; Apg 6,1-5 ; Apg 9,15-16
[48] 1.Mose 1,27-31 ; Ps 8,6

dies in Seinem Wort gesagt wird[49]. Worin besteht also die Ähnlichkeit? – Im Aussehen? – Wohl weniger denn, bei den verschiedenen Berichten des Alten und Neuen Testamentes scheinen die Engel wohl auch das gleiche Aussehen wie die Menschen zu haben (Nur vielleicht ein Stück größer)[50]. Dann vielleicht in der Kreativität? – Auch dies stellt sich als nicht ganz haltbar heraus. Denn, den Engeln, so kann ich aus einzelnen Passagen herauslesen, ist eine gewisse Verwalterschaft über Planeten gegeben[51]. Dann liegt die Ähnlichkeit sicher in Kraft, Schönheit, Weisheit und Autorität! - Aber das Alles ist es wohl auch nicht denn, in allem scheint es so auszusehen, dass der Mensch, bis auf wenige Abweichungen, nicht großartig anders erscheint als die Engel. Und somit fast auf einer Stufe mit den Engeln steht[52]. Worin besteht die Ähnlichkeit dann? – Ich glaube so vermessen sein zu dürfen um zu sagen: in Gottes Wesen und Charakter ist der Mensch Gott ähnlicher als die Engel und jedes andere geschaffene Wesen[53]. Während den Engeln Gerechtigkeit[54], Schönheit[55], Ausgleich und Harmonie[56] z.B. sehr wohl

---

[49] 1.Mose 1,26-27
[50] 1.Mose 19,1-2 ; Ri 13,6 ;
[51] Ps 147,4 ; 1.Kön 22,19 ;
[52] 2.Pe 2,11 ; Off 22,9 ; 1.Mose 1,28
[53] 1.Mose 5,24 ; Ps 53,3 ; Apg 13,22 ; Ph 1,23
[54] Ps 97,6 ; Lk 15,10 ; Ps 34,8 ; Heb 2,2
[55] Ps 103,20 ; Hes. 28,13+17 ; 2.Kor 11,14
[56] Hes 28,14 ; Sach 4,5 ; Apg 1,10-11 ; Off 22,9

bekannt sind, so scheint es, dass Liebe, Hingabe, Erbarmen, Glaube und Hoffnung Dinge sind welche weniger in ihrem Ausdruck zur Geltung kommen[57]. Sie sind so mit Gottes Herrschaft vertraut, dass sich viele Fragen und Entscheidungsfindungen gar nicht ergeben, weil diese für sie logisch und unzweifelhaft sind[58]. So ist der Mensch also als Kreatur und von Beschaffenheit schwächer als Engelswesen[59]. Von seinem Stand aus, aufgrund der größeren Ähnlichkeit mit Gott jedoch etwas den Engeln voraushabend[60]. Und jetzt setzt Gott diesen Menschen in das Gebiet wohin ER Lucifer „verbannt" hat[61]. Was für ein Affront für Lucifer, welchem vor seiner Nase ein Wesen gesetzt wird, welches die Charakterzüge Gottes trägt, der ihn verbannt hat; und welchem Gott auch noch Autorität über das neu Geschaffene erteilt[62]. Erneut eine Beschneidung des Wirkungsraumes des ehemaligen Engels des Lichtes (des höchsten geschaffenen Wesens nach Gott)[63]. In Lucifer muss diese erneute Erniedrigung Anlass gegeben haben, anzustreben, wenigstens wieder in etwa zu der Autorität zu kommen, welche er vor der Schöpfung des Menschen gehabt hatte. Bis zu diesem

---

[57] 1.Pe 3,22 ; Röm 8,19
[58] 1.Chr. 21,15 ; Dan 10,11-12
[59] Heb 2,6-7
[60] Röm 8,19
[61] Jes 14,12
[62] 1.Mose 1,28 ; Ps 115,16
[63] Hes 28,14-15

Zeitpunkt war wohl geistlicher und körperlicher „Raum" verbunden; sozusagen eine Einheit. Das heißt Geistwesen und körperliche Wesen konnten ohne weiteres kommunizieren[64]. Und weil Gott ein Gott des Friedens ist, welcher sich in Seiner Ordnung ausdrückt[65], gibt ER den Menschen auch Richtlinien und Ordnungen[66]. Solange sich der Mensch daran hält und richtet, sind ihm alle Privilegien gegeben und erhalten[67]. Handelt er jedoch außerhalb dieser, bewegt er sich „außerhalb" des Wirkungskreises Gottes[68]. Und dies muss Gott dazu veranlassen, gleich oder ähnlich wie mit Lucifer zu verfahren[69]. Und hier sieht der Verwirrer (auch Lucifer) eine Möglichkeit wieder in seine Position zu kommen[70]. Er kann (so meint er) sozusagen 3 Fliegen mit einer Klappe schlagen:

1. Gott ein „Schmerz" zu zufügen[71]
2. Den Mensch zu diskreditieren[72] und
3. In seine vorläufige Position wieder hineinzukommen[73]

Der Mensch als Wesen musste sich, als einziger seiner Art, zwischen Geistwesen und Tieren einsam fühlen[74]. Und

---

[64] 1.Mose 3,8-9
[65] 1.Kor 14,33 ; Ps 111,7
[66] Neh 9,13
[67] 1.Mose 26,4-5 ; 1. Kön 2,3 ; Ps 119,32
[68] 1.Kön 18,18 ; Ps 91,1
[69] Jak 2,10 ; 1.Joh 2,4 ; Mt 5,19 ; 1.Sam 15,23
[70] Eph 6,12 ; 2.Kor 2,11 ;
[71] 1.Mose 3,9 ; Jes 65,2 ; Mt 23,37
[72] Ps 51,5 ; 1.Mose 4,7
[73] 2.Kor 4,4 ; Röm 6,16

Gott erkennt dies und handelt dementsprechend[75]. Hier kommt ein Schwachpunkt auf (welcher auch eine Stärke werden kann) nämlich, dass die Beeinflussung untereinander, innerhalb einer „Art", größer ist, als zu anderen Arten[76]. Ein weiterer Schwachpunkt (der aber auch unbedingt als Stärke gesehen werden kann) ist: die Kreativität und das Verlangen Gott näher kennen zu lernen und zu ergründen[77].

Hier setzt der Lügner an: Erkenntnis gegen Ordnung auszuspielen. Und da die Menschen dies nicht erkennen, fallen sie auf diesen Betrug herein[78]. Dadurch, dass nun die Einheit unterbrochen ist, bleibt Gott dies auch nicht verborgen[79]. Als weiterer Effekt kommt die neue Eigenschaft Gut und Böse zu unterscheiden. Dies beinhaltet auch („in gewisser Weise") eine Beurteilung über Gottes Handeln abzugeben[80]. Nachdem also die Ordnungen Gottes übertreten wurden, blieb Gott keine andere Wahl ebenfalls eine Verbannung auszusprechen. Und diese Verbannung beinhaltete ja nicht nur das Verlassen des Garten Edens, sondern auch der Bruch

---

[74] Das sehen wir in dem, wie Adam sich in 1. Mose 2,23 ausdrückt
[75] 1.Mose 2,18
[76] Spr. 1,11-14 ; Ps 122,1 ; Spr 27,15 ; Spr 31,10+26
[77] Ps 119,45 ; Spr 25,2 ; 2.Mose 33,20 ; Ph 3,12 ; 2.Chr. 26,16-18
[78] 2.Kor 3,6 ; Hiob 1,11 ; Lk 4,2-13
[79] 1.Mose 3,9 ; Ps 14,2
[80] 1.Mose 3,10-11 ; 5.Mose 30,15 ; 2.Kor 13,5 ; Jer 12,1 ; Jes 45,9

zwischen geistlicher und körperlicher Welt[81]. Dieser kann vom Menschen aus eigener Kraft nicht überwunden werden[82]. Von Gottes Seite aus gesehen sehr wohl, weil ER auf die Körperlichkeit nicht festgelegt ist[83]. Hat sich nun durch den Bruch an Gottes Herrschaft oder Wirkungskreis oder Reich etwas geändert? – Keineswegs![84]
ER hat, durch Sein Auftreten, erneut Seine Souveränität bewiesen den gegebenen Ordnungen Nachdruck zu verleihen[85].

Was hat sich denn in diesem Moment verändert?
Nun, dem Menschen ist es nicht mehr natürlich gegeben auch im geistlichen Raum zu agieren, sondern von diesem Moment an kann er nur im Einzelfall bzw. aufgrund von besonderer Hingabe an Gott im geistlichen Raum handeln[86] (später wird sich dies durch Jesus nochmals ändern). Auch sind seiner Geschöpflichkeit Grenzen gesetzt. Sprich, der Alterungsprozess geht anders vonstatten[87]. Wäre der erste Griff bei den zwei besonderen Bäumen im Garten Eden nicht zum Baum der Erkenntnis sondern zum Baum des Lebens gegangen, wäre der

---

[81] Denn der körperliche Mensch ist ja nicht gestorben
    Röm 5,14+19 ; 1.Kor. 15,21
[82] Röm 7,18
[83] Ph 2,13 ; Jes 55,9 ; Lk 18,27
[84] Ps 89,35 ; Heb 13,8 ; Jes 46,10
[85] Hes 17,24
[86] 1.Mose 28,12 ; 2. Mose 34,5-7 ; 1.Kön 18,30-38 ; Jer 1,11
[87] 1.Mose 6,3 ; Ps 90,10

weitere „Geschichtsverlauf" sicherlich ein anderer gewesen[88]. Denn wer von diesem Baum gegessen hätte, hätte Gottes Güte und Gnade erkannt und ihm wäre das Andere nicht mehr so wichtig[89]. Denn zu erkennen ein Teil von Gottes Handeln zu sein ist „Befriedigung" genug[90]. Nun hat sich aber der Bruch vollzogen. Nun existieren „2 Reiche"[91]. Aber es sind keine Parallelwelten die unterschiedlich nebeneinander her laufen[92]. Vielmehr läuft es so ab: Der Mensch hat nur unter bestimmten Umständen Einblick bzw. Zugang zu dieser Welt (bis zum Erlösungswerk durch Jesus Christus)[93]. Während es für Gott und den anderen Geistwesen (Engel, in ihrer verschiedenster Art) keine Beschränkungen gibt[94]. Wichtig dabei ist, zu erkennen, dass das Wirken des Menschen bzw. sein Handeln, Reden und Sein sowohl auf die sichtbare wie unsichtbare Welt eine bestimmte Auswirkung hat[95]. Wie verhält es sich dann mit dem „Reich der Finsternis" des Satans?

---

[88] 1.Mose 3,22 ; Spr 3,18
[89] Off 22,2+14+19 ; Off 2,7 Joh 6,35 ; Röm 8,2
[90] Ps 65,5 ; Ps 84,11 ; Joh 6,68-69 ; Heb 4,10
[91] Mt 10,7 ; Off 11,15
[92] Jes 43,19 ; Joh 5,17
[93] 2.Kön 2,10 ; 2.Kön 6,16-17 ; Mt 16,17
[94] Ri 6,11-21 ; 2.Sam 24,17 ; 1.Kön 19,5
[95] 1.Mose 1,26 ; 1.Mose 2,19 ; 1.Kön 17,1 ; Mt 16,19 ; 2.Kor 10,3-5

Jesus selber streitet nicht ab, dass der Satan eine gewisse Verfügungsgewalt besitzt[96]. Wann wurde ihm diese übertragen?

Ich erwähnte bereits, dass Gott ihm den Raum der Erde als Bleibe/Domizil gegeben hatte. Ihm wurden jedenfalls nicht Seine Fähigkeiten aberkannt, sondern nur seine Autorität. Demzufolge hat er keinen Einfluss auf den Menschen und auf die Erde gehabt, bis zum „Sündenfall". Nur dadurch, dass die Menschen ihm Glauben schenkten, haben sie damit gesagt: „Du hast recht"[97]. Und somit gab es nicht nur ein Bruch in der Beziehung zu Gott und ein Bruch in dem Befolgen der Anordnungen sondern auch in der Autoritätsfrage. Vorher hieß es für den Menschen sich die Erde „untertan" zu machen und zu bewahren, was als Verwalterschaft, Statthalterschaft und Individualität verstanden werden kann[98]. Danach jedoch ging es nur noch um mühsame Arbeit und Schmerzen und Einer von vielen zu sein[99]. Hat Lucifer dadurch seine Autorität wieder bekommen? – Nein! – Denn, was Gott gesagt hat, hat weiterhin Bestand[100]. Hat er dann die Autorität des Menschen übernommen? – Nein, auch nicht! – Denn,

---

[96] Lk 4,6-8 ; Mt 12,26
[97] 1.Mose 3,4-6 ; Eph 4,27 ; 1.Joh 3,8 ; Apg 10,38
[98] 1.Mose 1,28 ; 1.Mose 2,15
[99] 1.Mose 3,16-19 ;
[100] Ps 119,89

diese wurde dem Menschen ja auch genommen[101]. Wie kommt Lucifer also zu größerer Machtfülle?

Indem er den Menschen über seine Macht und Autorität belügt und der Mensch ihm daraufhin glaubt[102]. Wie geschieht das? – Durch Zustimmung und Handlungen in allem was den Aussagen und Wirken Gottes entgegen steht. Das fängt bei Zweifel und Halbwahrheiten an und hört bei Mord auf[103]. Hat sich denn das Reich Gottes seitdem entwickelt und weiter entfaltet? – Nein! – Denn es ist ein ewiges Reich und deren Prinzipien und Gesetzmäßigkeiten ändern sich genauso wenig wie sich Gott ändert, der war, ist und bleibt[104]. **So kann ich also feststellen, dass das Reich Gottes, oder auch als das Reich der Himmel genannt, beständig dieselbe Kontinuität hat.** Nur der Blickwinkel des Menschen ändert sich.

Nachdem ich mir also das Grundlegende von Gottes Reich, der „Entstehung der Erde", und anderen Autoritätsverhältnissen angeschaut habe, will ich mir nun die weiteren Ereignisse im Zusammenhang mit Gottes

---

[101] 1.Mose 3,17+24 ; 1.Kor. 4,8 ; Röm 5,18-19
[102] Mt 4,1-11 ; 2.Thess 2,9 ; 2.Kor 2,11 ; 2.Kor 11,14 ; 2.Kor 2,11 ; 2.Kor 4,4
[103] 2.Kor 6,15 ; 2.Kor 3,14 ; 2.Kor 11,3 ; Jak 4,4 ; 1.Tim 1,19-20 ; Röm 1,28
[104] Mal 3,6 ; Heb 13,8

Reich im Wort Gottes ansehen; wohlwissend, dass alles mit Gottes Reich zu tun hat.

Fangen wir damit an, dass Gott Adam und Eva, aufgrund deren neuen Bewusstsein wer sie vor Gott waren, Kleidung aus Fellen machen musste[105]. Es hatte aber nicht allein mit der körperlichen Nacktheit sondern auch der seelischen und geistlichen Nacktheit zu tun (Paulus greift dies in seinen Briefen auf)[106]. Und für diese Felle musste jemand sterben. Hier in diesem Falle Tiere[107]. Wenn uns jedoch bewusst wird, dass alles im AT ein Schatten dessen ist, was in Jesus erfüllt wird, dann können wir schon hier den Ansatz auf einen Hinweis auf das finden, was Jesus später für die Menschen tun sollte[108]. Das widerspiegelt sich erneut in dem Opfer bei Kain und Abel wieder[109]. In wiefern? – Obwohl Kain „richtiger Weise" von dem gab, was er hatte, tat er es nicht auf die geistliche Art, nämlich der Opferung von Tieren. So wie Gott ein Beispiel bei seinen Eltern gegeben hatte. Die Folge war, dass Gott das Opfer Kains ablehnte und dass dies bei Kain auf Unverständnis und Zorn traf. Aber auch hier und wie mit allen Dingen, was das Reich Gottes sowie Gottes Wesen und Handeln betrifft; es muss (und nicht kann!) geistlich

---

[105] 1.Mose 10,10+21
[106] 2.Kor 5,3-4 ; Jud ,23 ; Kol 3,12
[107] Ein Tier hat ein Fell (ich gehe von Schafsfell aus)
[108] Röm 13,14
[109] 1.Mose 4,3-5

interpretiert werden[110]. Denn mit menschlichen Gedankenansätzen bleiben mehr Fragen als Antworten[111]. Zudem kann der Feind bei menschlichen Überlegungen Zweifel an Gottes Handlungsweise und Seinem Wesen säen[112]. Ich sehe hier also ein Prinzip des Reiches Gottes: ***Um wieder in den Urzustand des Einklanges mit Gott zu kommen bedarf es der Anerkennung des Getrenntseins von Gott und das Opfer als Verständnis - es muss jemand sterben damit überhaupt eine Beziehung stattfinden kann***[113]. Und dieses Prinzip finden wir im neuen Testament in Jesus wieder. Worauf wir zu gegebener Zeit kommen werden; wie mit anderen Dingen auch.

Hingabe an Gott ist der Schlüssel für das Leben in der sichtbaren und unsichtbaren Welt.
Die nächste Begebenheit sehe ich in der Person des Henoch. Es heißt, dass er mit Gott wandelte[114]. Und dieses wandeln muss so eine enge Beziehung zu Gott gewesen sein, dass es förmlich egal war ob er sich nun in unmittelbarer Nähe zu Gott oder auf bzw. in der „körperlichen" Ebene (der Erde) bewegte. Und weil dies so

---

[110] Heb 11,4 ; Jes 53,7 ; Joh 1,29 ; 1.Kor 2,13
[111] 1.Kor 2,14-15
[112] Joh 12,5-6 ; Joh 13,2 ; 2.Tim 4,10 ; 1.Pe 5,8 ; Eph 4,27
[113] Joh 11 49-50 ; Röm 5,19 ; Heb 9,14
[114] 1.Mose 5,22+24

war hat Gott wohl ein Zeichen gesetzt und Ihn in Seine Gegenwart geholt. Abgeschirmt vom Zugriff auf Ihn (Henoch)[115]. So war der Übergang in die andere Realität kein Problem. Er war halt in der für uns sichtbaren Welt einfach nicht mehr da. Wer so intensiv mit Gott lebt, kann wenn es in Gottes Interesse ist auch das sogenannte „Raum-Zeit Kontinuum" überbrücken[116]. Macht das für den Menschen, der es erlebt ein Unterschied? – Nein, keineswegs. Denn seine Liebe zu Gott wird dadurch nicht verändert[117].

So ist es auch mit vielen anderen sogenannten „Wundern". Für uns als Menschen sind es Wunder[118]; für Gott eine Natürlichkeit SEINE Souveränität und SEIN Wesen zu offenbaren[119]. Aber es sind nicht zwangsläufig Gottes Machterweise, welche einen Menschen in seiner Beziehung zu Gott wachsen lassen. Auch sind es nicht immer logische Schlussfolgerungen (wobei diese sehr wohl hilfreich sein können)[120]. Nein – Es sind meine Entscheidungen auf die alles basiert[121]. Das beruht nicht auf eine Nutzen-Beziehung. Nach dem Motto: ich gebe dir

---

[115] Hiob 1,11-12 ; Lk 22,31-32
[116] 2.Kön 2,3+10 ; Apg 1,9 ; Apg 8,39-40
[117] 2.Kor 3,18 ; 1.Kor 8,3 ; 1.Kor 13,12
[118] 2.Mose 16,4 ; 2.Kön 4,2-6 ; 2.Kön 20,9
[119] Hes 36,23 ; Jer 32,27
[120] 1.Kor 1,21-22 ; 4.Mose 14,11 ; Ps 1,2-3 ; Ps 77,12-14 ; Apg 26,24-29 ; Eph 4,14
[121] Ps 86,12 ; Ps 101,2 ; Ps 27,8 ; Ph 3,7-8

Das und bekomme dafür Jenes[122]. Gott ist kein Automat, auch wenn wir mit Ihm so manches mal so umgehen. Gott ist ein Wesen (eine Person) und der Mensch ist IHM Wesensähnlich geschaffen worden. Und zwischen zwei Wesen kann es nur Beziehung als Basis geben und nicht Aktivismus und auch nicht Logik. Daher bedarf es wie für jede Beziehung eine ständig zu erneuernde Entscheidung[123]; ob dies nun im „Alten Bund" oder unter dem „Neuen Bund" geschieht.

Das Fazit für das Reich Gottes lautet: **Hingabe an Gott ist der Schlüssel für das Leben in der sichtbaren und unsichtbaren Welt (Reich) Gottes.**

Gehen wir im Wort weiter, kommen wir zu einem Kapitel, welches mit Fug und Recht als UN-schön bezeichnet werden kann. Gott hatte die Wesen jede nach seiner Art erschaffen und darin waren sie einzigartig und schön[124]. Im Buch Genesis (1.Buch Mose) Kapitel 6 sehen wir, dass manche Engelswesen nicht mit Ihrem Zustand zufrieden waren. Sie fingen Beziehungen (im Besonderen geschlechtlicher Art und Weise) über Ihre Art hinaus an. Und wir können erkennen, dass es die Engelswesen

---

[122] Ps 116,12-14 ; Spr 10,22 ; Spr 21,27
[123] Jes 50,4 ; Ps 1,2 ; Ps 16,8
[124] Ps 103,22 ; Hes 28,7 ; (+ siehe Schöpfungsbericht: es war sehr gut)

gewesen sind, welche Lucifer auf seine Seite zog. Woran kann ich das festmachen?

Wie bereits zuvor gesagt, hat Gott eine Ordnung gegeben worin jede Art untereinander für Beziehungen ausgelegt ist[125]. Und Gottes Wesen ist es zu geben[126]. Hier aber sehen wir, dass die Engelswesen sich die Frauen der Menschen nahmen und zwar so wie *s i e* es wollten[127]. Und in dem sie dies taten, verließen sie ihr Herrschaftsbereich[128]. Wenn jetzt also Engelswesen, die Züge der Ewigkeit in sich tragen, sich mit Menschen „zusammentun", ergibt es eine Weitergabe des „Gen" der Ewigkeit[129]. Folglich leben diese aus der Verbindung resultierenden Nachkommen um ein Vielfaches länger und haben zudem Kräfte und Eigenschaften, die dem der „normalen" Menschen einiges übertreffen[130]. Mit dem allein ist es aber nicht getan. Sie bekommen auch gleichzeitig (wie ein Gen) die Veranlagung zur Rebellion gegen Gott mit[131]. Und so breitet sich im wahrsten Sinne des Wortes der Same der Rebellion weiter und schneller aus. Um dem vorzubeugen setzt Gott nun der Lebensspanne des Menschen eine Frist. Er begrenzt die Lebenslänge des

---

[125] 1.Mose 1,21+24+25 ; 1.Mose 2,23 ; 1.Kor 15,39
[126] Jak 4,6 ; Mal 3,10
[127] 1.Mose 6,2
[128] Jud ,6 ; Hiob 38,4-7
[129] Dan 3,33 ; Hiob 38,7
[130] 1.Mose 6,4 ; Ps 103,20 ; Dan 10,13
[131] 2.Kor 6,14-15 ; Joh 8,44

Menschen auf der Erde[132]. Jedoch konnte Gott es aufgrund seiner gegebenen Ordnung der freien Willensentscheidung[133] nicht verhindern, dass die Menschheit immer böser wurde und ohne IHN leben wollte. Dies ging soweit, bis es nicht mehr anders ging und ER eine Entscheidung fällen musste. Überlässt ER Seine Schöpfung nun Seinem zum Widersacher gewordenen Geschöpf sprich Luzifer mit seinen Anhängern? – Oder setzt ER erneut ein Zeichen Seiner innersten Absicht, nämlich eine Beziehung zu Seinem Abbild zu haben? – ER entschied sich gegen eine vollkommene Ausrottung des Wesens, welches SEINEM Charakter am nächsten kommt[134]. Und zeigt damit an: „Ich werde mein „Gesicht" nicht verlieren[135]. Dennoch konnte Gott auch nicht alles so weiterlaufen lassen[136]. Und wie es auch vorher und in nachfolgender Situation immer wieder der Fall ist – Gott sucht M e n s c h e n. Welche Menschen sucht Gott? – Es sind diejenigen, welche sich mit Gottes Absichten und Handeln identifizieren und zwar voll und ganz[137]. Hier liegt nicht nur ein Schlüssel von Berufung, Identifikation und Erfolg[138]. Und es muss auch an dieser Stelle klar und

---

[132] 1.Mose 6,3
[133] 1.Mose 30,15 ; 1.Mose 4,6-7 ; 2.Tim 4,10 ; Ps 119,30
[134] Hes 18,23 ; Jes 65,2 ; Ps 94,11
[135] Jer 31,20 ; Jer 29,11 ; Ps 89,15 ; Jes 55,11
[136] Ps 10,3-11 ; 1.Mose 6,12 ; Jer 17,10 ; Ps 94,23
[137] 2.Chr. 16,9 ; Ps 14,2 ; Jes 6,8
[138] Ps 28,7 ; Spr 4,23 ; 5.Mose 29,8 ; Apg 9,15-16

deutlich gesagt werden: Berufung, Identifikation und Erfolg lassen sich bei Gott nicht immer in Zahlen ausdrücken. Zumindest nicht in der (momentanen) Aufrechnung, die wir als Menschen anstellen[139]. Und so einen Menschen fand Gott in Noah. Denn, dieser pflegte seine Beziehung zu Gott. Es heißt, er ging mit Gott[140]. Also war Gott nicht ausgeklammert. Und mit Noah wollte Gott einen neuen Anfang machen. Dazu musste jedoch alles Andere zu einem Ende kommen. Und so ließ ER Noah eine Arche bauen und von den Lebewesen jeweils eine bestimmte Anzahl mitnehmen[141]. Zudem konnte Noah's Familie als Teil von Noah mitgenommen werden[142]. Und jetzt öffnete Gott im wahrsten Sinne die Schleusen. Und weiter lesen wir in der Bibel, dass letztlich in den Fluten alle Lebewesen umkamen[143]. Welche Auswirkung hatte dies auf die für uns unsichtbare Welt, sprich Gottes Reich und das „Reich" des Satans?

Nun, in erster Linie nichts – denn, sie sind nicht so mit einem Körper ausgestattet wie wir Menschen. In zweiter Linie hatte es sehr wohl eine Auswirkung auf die Reiche und zwar wie folgt: Gott hat Seine Absicht und

---

[139] 2.Kön 5,1-19 ; 1.Chr 4,10 ; Jer 35,1-14 ; Apg 8,26-39
[140] 1.Mose 6,8 ; 1.Mose 7,1
[141] Heb 11,7 ; 1.Mose 7,2-3
[142] 2.Pe 2,5
[143] 1.Mose 7,21-23

Gerechtigkeit deutlich gemacht[144]. Zudem hat ER sich als souveräner Herrscher erwiesen, welcher auch nicht davor zurückschreckt SEINEN Worten Taten folgen zu lassen[145]. Und ER hat erwiesen, dass der für manche als ersichtlicher Schlussstrich ein Doppelpunkt war und Seine Gnade und Güte nicht außer Acht gelassen wurde[146]. Wie sieht es mit dem Reich des Satan aus?

Nun, - dieses musste „Einbußen" hinnehmen denn, wenn es weniger Menschen gibt, die ihr Handeln nach den Vorstellung Luzifers ausrichten, hat dieser weniger Autorität bzw. Machtfülle, welche ihm übertragen wird[147]. Dass bedeutet andererseits, je mehr Menschen Gott vertrauen desto weniger Machtfülle kann der Widersacher auf der Erde ausüben und bleibt somit in seinem Handeln eingeschränkt[148]. Es blieben also die Wenigen in der Arche vor dem allgemeinen Wassertod verschont[149]. Und mit diesen beginnt Gott einen Neuanfang der Menschheit auf der Erde[150]. Und ER zeigt hier schon vorab an, was sich zur Zeit des „Neuen Testamentes" ereignen sollte. Er nimmt hier sozusagen das geistliche Prinzip schlechthin vorweg. Wenn noch bei dem Sündenfall Tiere zu Tode

---

[144] 1.Mose 6,6 ; 1.Mose 7,1
[145] Ps 9,17 ; Jer 32,17 ; Hes 16,43 ; 4.Mose 23,19
[146] 1.Mose 8,1 ; Heb 10,22 ; 1.Pe 3,20 ; 2.Pe 3,5-6
[147] 1.Pe 5,8 ; Röm 2,3 ; 2.Pe 2,19
[148] Dan 11,32 ; Jak 4,7 ; 1.Pe 5,9
[149] 1.Pe 3,20
[150] 1.Mose 9,1-7

kommen mussten, damit unsere Nacktheit/ Zerbrechlichkeit überkleidet werden sollte, so wird bei der Sintflut aufgezeigt: Das alte, böse, ungerechte, gewalttätige, nicht nach Gottes Maßstäben ausgerichtete Leben muss zu einem Ende kommen, damit es einen Neuanfang geben kann[151]. Hier die Sintflut – da (als Anerkennung dessen) die Taufe. Und somit hat die Taufe (nicht die des Johannes[152]) nicht den Charakter eines Wegwaschens von Schuld, Sünde und falscher Lebensweise sondern vielmehr die Anerkennung, dass das gesamte alte Leben zu Tode kommen muss, damit es ein neues Leben geben kann[153]. Die Taufe wird hier als vorweggenommenes Muss zum Eintritt bzw. zur Anteilnahme am Reich Gottes[154]. Dies betrifft jedoch nur die Menschen. Und nach der Flut geschieht das Unfassbare in der geistlichen Welt. Gott schließt einen einseitigen Bund, welcher sowohl Schutz, Versorgung, und Beziehung beinhaltet. Und dass dem so ist, soll der Regenbogen als Zeichen dieses Bundes zur Erinnerung gelten[155]. Und dieser Bund betrifft keine Einzelperson, keine Gruppe und auch kein Volk sondern

---

[151] 2.Pe 3,5 ; 1.Pe 3,20 1.Mose 6,13
[152] Lk 3,3 ; Apg 19,4
[153] Röm 6,4 ; 1.Pe 3,21
[154] Mt 28,19 ; Eph 4,5 ; 1.Pe 3,21 ; Mk 16,16 ; Gal 3,27
 daher ist die Taufe eine Anerkennung des sündhaften alten Lebens, welches den Tod verdient und die Annahme der Befreiung *v o n* diesem alten Leben. Während die Annahme von Christus von dem neuen Leben *z u* Gott oder in Gott spricht.
[155] 1.Mose 9,8-17

die gesamte Menschheit[156]. Gott mit Seinem Reich setzt Maßstäbe für „das Reich" – den Raum der Menschheit[157]. Erneut wird die Verantwortung der Verwalterschaft dem Menschen gegeben[158]. Allerdings geschieht das unter bestimmten Auflagen:

- Bei der Nahrungsaufnahme von Fleisch u.a.[159]
- In Bezug auf Autoritätsausübung[160]
- In Bezug auf das Soziale Verhalten[161]

Wichtig dabei, ist die Feststellung, welche Gott an dieser Stelle macht: Das Sinnen des menschlichen Herzens ist von seiner Jugend an[162] böse. Das bedeutet, durch den Sündenfall ist es dem Menschen an sich (durch sich selber) nicht mehr möglich ein gutes Herz zu bekommen[163]. Daher kann Gott mit den Menschen wegen ihrer Sündhaftigkeit nicht ständig einen Umgang pflegen. Und dem Menschen ist es nicht möglich kontinuierlich am Reich Gottes Anteil zu nehmen[164].

---

[156] 1.Mose 9,12-13
[157] Ps 145,13 ; Ps 22,29
[158] 1.Mose 9,1-3 ; Dan 4,14
[159] 1.Mose 9,4
[160] 1.Mose 9,2
[161] 1.Mose 9,5-7
[162] 1.Mose 8,21 ; Ps 58,4 ; Jer 3,25 ; Röm 5,12
[163] Tit 1,15 ; 1.Tim 4,2
[164] 1.Pe 1,16 ; Ps 76,8 ; Ps 50,21 ; 1.Mose 28,12 ; 2.Mose 33,18-23 ; Hes 1,4-2,1 + 2,2

Mehr denn je wird eine Ko-Existenz der Reiche deutlich[165]. Auf der einen Seite die körperliche Welt und auf der anderen Seite die „nicht sichtbare" Welt[166]. Dennoch, die mit unseren menschlichen Augen unsichtbare Welt zu verneinen wäre ein fataler Entschluss. Aus welchem Grunde spricht der Mensch denn vom 6. Sinn, wenn es nichts weiter gibt als das Sichtbare. Nein, der Mensch nimmt unter bestimmten Umständen die nicht-sichtbare Umwelt ebenso war[167]. Und warum? – Weil er von Anfang an so angelegt gewesen ist.

Aufgrund der, wie zuvor angemerkt, gegebenen Autorität, ist eine Sache wichtig zu erkennen. Und zwar: Der Mensch mit seinem Denken, Reden und Handeln agiert nicht im „luftleeren" Raum. D.h. so wie er sich gibt, hat sein Dasein mehr oder weniger Einfluss auf seine Umwelt; und da nicht nur in der sichtbaren sondern auch in der unsichtbaren Welt[168]. Denn, seine Entscheidungen haben Auswirkungen; seien sie in negativer oder positiver Weise[169]. Dies verändert jedoch nicht grundsätzlich etwas an dem Reich Gottes; und auch nicht an dem

---

[165] Lk 17,20-21 ; Joh 18,36
[166] Kol 1,16 ; Heb 11,3
[167] Röm 1,20 ; Kol 1,15 ; 2.Kor 4,18 ; Ps 27,8 ; 2.Kön 6,15-17
[168] Jak 3,5 ; 1.Sam 15,22-23 ; 1.Kön 3,5-14 ; Apg 9,36-42 ; Lk 11,52 ; 2.Tim 2,16-17
[169] Ps 139, 13-16 ; 2.Tim 3,1-5 ; Röm 14,17-18 ; 2.Kor 2,15 ; 2.Joh ,8 ; Röm 8,19

Machtbereich des Satans[170]. Somit kann aus dem Gesagten folgender Schluss für das Reich Gottes festgestellt werden: **Allein das Dasein jedes geschaffenen Wesens, welcher Art auch immer, hat eine Auswirkung auf die sichtbare und für uns Menschen noch unsichtbare Welt.** Und dieses Dasein muss noch nicht einmal aktiv ausgerichtet sein.

Ein Beispiel des eben Aufgezeigten, ist der Turmbau zu Babel[171]. Viele mögen denken, was war an dem Bau so falsch, dass Gott so gehandelt hat, wie er gehandelt hat. Schauen wir uns die Sache einmal an. Bis zu diesem Zeitpunkt schien es so, dass die Menschen relativ nah beieinander wohnten. Und was uns heute allgemein etwas seltsam anmutet, sie hatten eine Sprache. Aber so abwegig ist dies gar nicht einmal. Wenn wir z.B. von der näheren Vergangenheit sagen, es gäbe bestimmte Sprachstämme wie unter anderem die Romanischen Sprachen und die Slawischen Sprachen. Dies deutet darauf hin, es gab in der Vergangenheit nicht so viele Sprachen. Und wenn man weiter gehen wollte, scheint die Aussage es habe nur eine Sprache gegeben nicht so abwegig. Was hat das mit dem Reich Gottes zu tun? –

---

[170] Jes 41,4 ; Mt 12,25-26 ; Jak 1,17 ; Joh 8,44
[171] 1.Mose 11,1-9

Nun, Recht viel! – Im Reich Gottes gibt es nur eine Sprache denn, alle verstehen einander und kommunizieren miteinander und das ohne Probleme[172]. Sogar die Kommunikation des Reiches von Lucifer sowie dessen Reich mit dem Reich Gottes klappt ebenso ohne Probleme[173]. Und wir sehen, dass diese beiden Reiche durch Kommunikation einiges bewirkt haben. Zudem ist es ihnen ohne weiteres möglich mit den Menschen zu kommunizieren[174]. Ob nun Ägypter, Hebräer, Meder, Babylonier, Grieche oder auch jede andere Nation, für die Engel stellt die Kommunikation kein Problem dar. Auch scheint es den Menschen keine Mühe zu machen die Engel zu verstehen. Jesus selber erwähnt, dass wenn ein Reich in sich uneins ist, wenig erreichen wird[175]. Und hier kommt der Faktor Sprache ins Spiel. Wir können bereits an den großen Reichen dieser Erde sehen, die bestanden haben und zum Teil heute bestehen. Sie können viel bewegen, seien es Römer, Griechen, Inka, Chinesen, Russen, Perser usw..

Es sei dabei gesagt, dass hierin keine Bewertung steckt. Einheit besteht also zum größten Teil durch Sprache[176]. Und bei dem Turmbau zu Babel sehen wir diese Einheit.

---

[172] 1.Kön 22,19-22 ; Sach 2,7-8 ; Dan 10,13
[173] Hiob 1,6-9 ; Jud ,9 ; Off 12,10
[174] 1.Mose 35,1 ; Ri 6,20 ; Mt 4,5-6 ; Apg 19,15-16
[175] Lk 11,17
[176] 1.Kor 14,10-11

Was waren denn die Absichten vom Bau des Monumentes?

Zum Einen, sie wollten sich nicht über die Erde verstreuen. Und zum Anderen, *s i e* wollten *s i c h* einen Namen machen[177]. Es reichte ihnen nicht von Gott ihre Identität zu bekommen. Nein, sie wollten sich selber einen Namen machen, unabhängig, ohne Gott, gegen Gott[178]. Es ist immer noch dieselbe „Handschrift", welche bewirkt hat, dass Lucifer seine Stellung verlor[179]. Und Gott hat darauf reagiert, indem ER kurzerhand ihnen verschiedene Sprachen gab. Die Folge war, dass sie ihr Vorhaben nicht mehr gemeinsam ausführen konnten[180]. Wir werden es auch später nochmals sehen: Da, wo sich Menschen überheben und sich an die Stelle Gottes setzen, da lässt der Fall (oder auch die Antwort Gottes) nicht lange auf sich warten[181]. Nun mussten die Menschen wieder anfangen ihre Identität zu finden. Und bekanntlicher Weise können die Menschen sich durch Sprache nicht allein identifizieren (erkennbar machen) sondern auch Ihre Identität finden[182]. Mit dem darauf folgenden auseinanderlaufen beginnt auf der Erde eine neue Phase. Aber, im Laufe der nachfolgenden Jahrhunderte und Jahrtausende gab es

---

[177] 1.Mose 11,4
[178] 1.Sam 15,23-26 ; Dan 4,25-29 ; Mt 6,2 ; Apg 8,18-24
[179] Hes 28,17 ; Jes 14,12-14
[180] 1.Mose 11,7-9
[181] Jer 17,5 ; Dan 4,25-29 ; Apg 12,21-23
[182] Jer 5,15 ; 2.Kön 18,26 ; Dan 1,4 ; Mt 26,73 ; Joh 8,43 ; Off 5,9

immer wieder menschliche Ansätze verschiedentlicher Art diese Sprachbarriere zu überbrücken und das vielfach aus derselben Motivation heraus, wie an dieser Stelle[183]. Was wir allerdings erkennen sollen ist, bis zu diesem Zeitpunkt hat Gott der Menschheit drastisch offenbaren müssen, was in Ordnung und was nicht in Ordnung ist[184]. Und dass es auch gute Ansätze gab, haben wir ja auch unter anderem in Henoch und Noah gesehen. Nach der Sprachverwirrung scheint es so auszusehen, dass Gott ein neues Ziel verfolgt und sich nur noch bestimmte Menschen oder Gruppen heraussucht. Aber dem ist nicht so. Gottes Absicht und Ziele bleiben weiterhin bestehen nämlich: Beziehung zu SEINEM Geschöpf zu haben[185]. Durch die Entwicklung, die sich ergeben hat, beginnt Gott einen Weg einzuschlagen, bei dem man sagen könnte er würde bestimmte Menschen bevorteilen[186]. Aber das stimmt so nicht denn, diese Menschen mussten und müssen auch erst einmal auf das Reden Gottes reagieren und eine Entscheidung treffen[187]. Und hier sehen wir das nächste Prinzip: **Für Gottes Reich und eine Beziehung zu Gott muss ich mich entscheiden.** Da hilft kein Gefühl, sondern

---

[183] Babylonien-Chaldäisch unter Nebukadnezar, Griechisch unter Alexander dem Großen, Latein unter den Römern, Esperanto 19.Jhd. in Europa u.a.
[184] 1.Mose 3,3,23-24 ; 1.Mose 7,23 ; 1.Mose 11,8-9
[185] Hes 18,23 ; Jer 29,11 ; Jes 65,1-2
[186] Ps 50,23 ; Jes 41,8 ; Esra 3,2 ; 1.Sam 15,23
[187] Heb 3,7-8 ; 1.Chr 16,10 ; Ps 28,7 ; 2.Tim 1,6

eine klare Herzens- und Willensentscheidung und zwar beiderseits.

Es bleibt die Frage ob Gott jemand wie es bei Jesaja heißt, gesucht hat, mit dem ER Seine Absichten und Ziele weiterverfolgen will[188]. Oder ob ER sich scheinbar „wahllos" jemand herausgegriffen hat[189]. Sicher ist, ER hat sich mit Abram zusammen getan. Und dieser ist auf das Angebot Gottes eingegangen. Welches Angebot? Dieses:
- Vorfahre einer großen Nation zu sein
- Segen zu haben
- Anerkennung zu haben
- und bekannte Persönlichkeit zu sein
- wie jemand zu ihm steht so hat er dementsprechend Vorteile oder Nachteile
- an dem Segen Abrams sollen alle Menschen (ohne Angabe von Zeit, Ort und sozialem Stand) Anteil haben.[190]

Das hört sich im ersten Moment Alles hervorragend an. Voraussetzung dafür aber ist: Seine Heimat und seine Verwandtschaft zu verlassen[191]. Das ist einfach, wenn die

---
[188] Ri 12,5 ; Jes 6,8 ; Apg 9,15
[189] Ri 6,12+14 ; Am 1,1 ; Apg 28,24-28
[190] 1.Mose 12,2-3
[191] 1.Mose 12,1

Verbindung dazu (aus verschiedenen Gründen) sowieso sehr locker ist. Aber in der Vergangenheit, sowie auch heute noch in manchen Gegenden der Erde, war die Familie und Heimat mehr als nur eine Ansammlung Blutsverwandter. Sie war Beziehung, Schutz, Versorgung und Identifikation[192]. Es ist, wie wenn jemand in bestimmten Gegenden von einem „Soundso" spricht. Dann kennt man nicht nur Ihn sondern weiß auch den Hintergrund der Familie usw.[193] . Was Gott also dem Abram anbietet ist nicht mehr oder weniger als alles aus seinem alten Leben zu verlassen, um alles von Gott zu bekommen. Also kurz gesagt, entweder das Eine oder das Andere. Hier ist ein weiteres Prinzip für Gottes Reich: **Es gibt nur entweder und oder.** Entweder Gottes vollen Segen und das eigene alte, selbstaufgebaute Leben hinter sich lassen, oder in dem Alten verhaftet bleiben mit eventuell geringfügigem Wachstum aber nicht so intensive Beziehung zu Gott[194]. Bzw. zu wissen geschaffen worden zu sein, aber keine Beziehung zu Gott zu haben[195]. Abram tat den Schritt der Aufgabe des alten Lebens. Interessanter Weise nimmt er seine Frau, seinen Neffen, das bereits errungene Personal und das Erwirtschaftete mit[196]. Dies ist

---

[192] 1.Mose 24,27-34 ; Ruth 2,11-12 ; Mt 1,18-19
[193] 1.Sam 8,5 ; Apg 21,8-8 ; 2.Tim 1,5
[194] Ps 91 ; Spr 5,21
[195] Ps 139,7-16
[196] 1.Mose 12,5

auch hier wieder ein Prinzip Gottes: ER schafft zwar einen Neuanfang; übergeht dabei aber nicht die individuelle Geschichte sondern bringt die Einzigartigkeit des Menschen zur Fülle[197]. Reich Gottes kann daher auch so bezeichnet werden: ***Einzigartigkeit (nicht Egoismus) zur Fülle gebracht.*** Abram lässt sich auf den neuen Lebensstil ein und marschiert los. Und er kommt da an, wo Gott ihn haben möchte.

Angekommen, erklärt Gott Abram den Standort als neue Heimat für seine nachfolgenden Generationen[198]. ER belässt es also nicht dabei, dass nur Abram gesegnet wird, sondern seine ganze „nachfolgende Familie". Aber das Ganze schützte ihn nicht davor, dass alte Gedankenmuster hier und da aufkamen, in denen er dann Gott nicht so den „Spielraum" zum Handeln gab. Die Folgen waren Schwierigkeiten mit seinem Umfeld[199]. Hier können wir ein weiteres Prinzip Gottes und Seines Reiches erkennen. ***Gott will segnen; aber ER kann Seinen Segen nicht auf eine egozentrische oder rebellische Haltung geben, da ER sich festgelegt hat auf das Segen zu legen, was in Seinem Sinne ist[200]***. Ist Gott darin ungerecht?

---

[197] 2.Mose 3,15 ; Ri 7,10-11 ; 1.Chr. 4,10 ; 1.Tim 5,23
[198] 1.Mose 12,7
[199] 1.Mose 12,11-19 ; 1.Mose 12,2-5+16 + 1.Mose 21,13+20-21 ; 1.Mose 20,1-11 ; 1.Mose 25,1-6
[200] Hes 39,23

Keineswegs. Denn, ER hat die „Spielregeln" ja vorher erklärt. Wenn der Mensch also in Schwierigkeiten hineinkommt, so liegt dies in mindestens 90% der Fälle daran, dass er die Dinge ohne Gott gemacht hat. Und die Konsequenzen dessen muss der Mensch tragen; so oder so[201]. D.h. Gott sei Dank aber nicht, dass Gott hier nicht eingreifen kann. Denn Gott kann, wenn wir unsere Fehler eingestehen, in Seiner Güte, in der Situation helfen[202].

Wenn wir im Wort weitergehen, sehen wir die Entscheidung zwischen Abram und Lot bzgl. der Wahl der Gegend, für welches Gebiet man sich entscheidet hinzuwenden, weil die Herden zu groß geworden sind[203]. Anscheinend hatte bereits von Anfang an eine Trennung zwischen dem Hab und Gut von Abram und Lot stattgefunden[204]. Abram stellte Lot vor die Entscheidung zu wählen. Zu dem warum kommen wir gleich noch. Lot jedenfalls suchte sich, in Anführungszeichen, das Filetstück heraus. Eine Gegend die scheinbar nichts vermissen ließ, die wohl zu der Zeit, als die fruchtbarste in der kilometerweiten Umgebung bezeichnet werden kann.

---

[201] 5.Mose 32,51-52 ; 2.Sam 12,13-15 ; 2.Kön 13,18-19 ; Jer 31,30 ; 1.Kor 3,12-15 ; 1.Kor 11,28-30 ; Heb 12,15
[202] 1.Joh 3,20
[203] 1.Mose 13,5-12
[204] 1.Mose 13,5

Und in der es genügend Wasser gab[205]. Aus Sicht menschlicher Überlegung hervorragend aber, die Menschen, welche diesen Landstrich bewohnten, waren extra betont - böse[206]. Also erscheint diese Entscheidung geistlich gesehen Schwierigkeiten mit sich zu bringen. Abram hingegen hätte gleich zu Anfang ja als der Onkel und in gewisser Weise Verantwortliche des ganzen Familienclans eine Entscheidung treffen können und bestimmen wo wer hingeht. Das tat er aber nicht. Warum? – Er wusste, egal wohin ich gehe, wenn Gott dabei ist wird alles, was ich brauche, da sein. Und ich brauche nicht über die Zukunft nachzudenken[207]. Darin erkennen ich ein weiteres Prinzip: **Das Reich Gottes bedarf nichts, dass etwas da ist um Seinen Segen zu entfalten sondern, kann buchstäblich aus nichts etwas erschaffen** (siehe auch bei der Schöpfung). Weil er seinen Gott mittlerweile schon so gut kannte, machte Abram sich dementsprechend keine Gedanken. Daraufhin erweitert Gott SEINEN Segen der Land- und Heimatgabe: Gott verspricht Abram das Land nicht erst zur Zeit seiner Nachkommen, sondern schon zu seinen Lebzeiten[208]. Was ist denn mit der Bevölkerung, welche in dem Land lebt?

---

[205] 1.Mose 13,10-11
[206] 1.Mose 13,13
[207] 1.Mose 12,6-9 ; 2.Kor 9,8 ; Phil 4,19 ; Jer 29,11 ; Mt 6,7-8
[208] 1.Mose 13,14-15

Nun, ich hatte bereits schon erwähnt, dass die Einstellung zu Gott ein wichtiges, wenn nicht sogar das wichtigste, Kriterium in Gottes Entscheidung eine Rolle spielt[209]. Obwohl ER nicht davon abhängig wäre[210]. Dennoch schien das Land mit all seinen Bevölkerungen keine gute (wenn nicht sogar konträre) Einstellung gegenüber Gott zu haben[211]. Aber es gab auch hier und da Ausnahmen, wie ich in Melchisedek dem König und Priester von Salem sehen kann[212]. Oder auch Aner, Eschkol und Mamre[213]. Ich kann konstatieren Gott führt seine Absichten und Pläne durch, ob nun mit oder ohne Anteilnahme von zuerst vorgesehenen Menschen, Gruppen, Völkern[214]. Was ich hier sehe, ist der Beginn einer Entwicklung, welche Gott mit Abram vorhat. Wie selbstverständlich gibt Abram Gott Dank und Ehrung nach jeder großen Offenbarung. So lesen wir, dass Abram grundsätzlich eine dankbare Haltung gegenüber Gott hatte[215]. Und diese Haltung bringt Gott in die Lage mehr in Abrams Leben zu handeln. Ohne despektierlich zu sein könnte ich sagen – ein weiteres

---

[209] Ps 2,12 ; 1.Sam 2,9 ; Ps 5,5 ; Ps 11,5
[210] 2.Mose 33,19 ; Mt 5,45
[211] 3.Mose 18,24-27 ; 5.Mose 9,5 ; 1.Mose 15,16 ; Esra 9,11
[212] 1.Mose 14,18 ; Heb 7,1
[213] 1.Mose 14,13+24
[214] Dan 5,21 ; Ri 4,8-9 ; Röm 11,11 ; Mt 21,28-31
[215] 1.Mose 12,7 ; 1.Mose 12,8 ; 1.Mose 13,18 ; 1.Mose 14,15 ; 1.Mose 15,6 ; 1.Mose 21,33

Prinzip des Reiches Gottes ist: **_Dankbarkeit – Sie öffnet Gott in verstärktem Maße die „Türen" zum Handeln_**[216].

Dass das Reich Gottes ein mächtiges, kräftiges und ohne Zweifel jeder militärischen Auseinandersetzung nicht nur gewappnet ist sondern siegreich daraus hervorgeht[217], sehe ich in der nächsten Episode aus dem Leben Abrams[218]. Eigentlich hatte Abram damit gar nichts zu tun. Aber da Lot in die Auseinandersetzung von Ländern und Stadtstaaten hineingezogen und gefangen genommen wurde, konnte Abram nicht länger still mit zusehen. Er stellte eine Truppe zusammen (es wird von 318 Mann gesprochen). Diese steht nun Teilen einer Armee von 4 Königreichen entgegen, welche bereits 6 Völkerschaften besiegt hatten. Eigentlich ein aussichtsloses Unterfangen. Aber nicht mit Gott an der Seite. Später wird dies David nochmals bestätigen[219]. Abram war sich dessen bewusst und so konnte er viele befreien. Dabei aber unterließ er es nicht dem Ehre zu geben, wem die eigentliche Ehre gebührte. Und er nahm für sich auch nichts an Finanzen an, um vielleicht dadurch zu Reichtum zu kommen. Er überließ sich des Segens des Herrn. Noch mehr, er

---

[216] Ps 50,23
[217] 5.Mose 4,34 ; Jos 23,9 ; Jer 46,15 ; 2.Sam 24,16 ; 2.Kön 19,35 ; Dan 10,13 ; Mt 26,53
[218] 1.Mose 14,1-24
[219] Ps 18,30 ; 1.Sam 17,45

erkannte, dass Alles was er hatte, durch den Segen des Herrn entstanden ist. Da war es nur recht und billig 10% dem zu geben, welcher sich um die Anbetung des Höchsten, alleinigen Gottes kümmerte. Hier sehen wir ein weiteres Prinzip des Reiches Gottes: ***Die Ehrung Gottes geschieht nicht nur mit dem Mund sondern auch in der Tat und dem Sein***[220]. Und gegebene Finanzen setzen andere frei, die Aufgaben gut zu übernehmen, welche ihnen von Gott anvertraut sind[221]. Aber in Abrams Leben sehe ich weitere Prinzipien von Gottes Reich. Deswegen gehen wir weiter.

Und nicht einmal ein Kapitel weiter erleben wir, dass Gott seinen Schutz und Segen für Abram erneuert. Abram erinnert Gott, dass all der Segen keinen weiteren Nutzen als nur für ihn und seine Frau hat und nach seinem Ableben sich andere daran gütlich tun werden. Und nun offenbart Gott Abram ein Teil seines Planes – nämlich aus einer Familiengeschichte, die eines Volkes zu machen. Und wieder erneuert Gott seine Zusagen an Abram. Nicht weil Abram Zweifel an Gottes Möglichkeiten hätte aber, es blieb die Frage des „Wie" und nicht „Ob überhaupt"[222]. Und auch hier sehe ich ein Prinzip des Reiches Gottes und

---

[220] Jak 1,22-25
[221] 4.Mose 18,21 ; Gal 6,6 ; 1.Tim 5,17-18
[222] 1.Mose 15,1-21

desjenigen, welcher die Basis desselben ist. *Einmal abgegebene Versprechen Gottes haben ihre Gültigkeit bis sie entweder in Erfüllung kommen oder ewig Bestand haben*[223]. Und auch mit Abram schließt Gott einen Bund nämlich, seinen Nachkommen das Land zu geben. Gott legt sich auch hier erneut unumstößlich fest.

In den darauf folgendem Kapitel sehen wir wie Ungeduld, das Zepter in die Hand nimmt. Die Folgen mussten die Nachfahren leider tragen; ohne jedoch, dass es Auswirkung auf das Reich Gottes als solches gehabt hätte. Dann kommt der Zeitpunkt an dem Gott mit Abram einen ewigen Bund schließt und zwar mit all den Zusagen, welche ER bereits gemacht hatte[224]. Worin liegt hier der Unterschied zu den vorherigen Zusagen? – In der Erwählung und zwar: Indem Gott Abram im speziellen zusagt, sein und seinen Nachkommen persönlicher Gott zu sein. Dies soll auch nach außen hin deutlich werden. Gott gibt Ihnen andere Namen: anstatt Sarai (die Fürstliche) und Abram (Hoher Vater) jetzt Sarah (Die Fürstin) und Abraham (Vater der Menge). Hier wird deutlich, wie Gott aus einer Absicht einen Ist-Zustand macht. Der Name ist zugleich auch ein stückweit Identität. Wenn auch

---

[223] 4.Mose 23,19 ; 2.Kor 1,20 ; Jes 55,11 ; Hes 12,25
[224] 1.Mose 17,7

Menschen Ihre Identität aus welchen Gründen auch immer nicht kennen sollten, Gott kennt Sie[225]. Und als Zeichen Abrahams Bundes mit Gott sollen alle Männer jeder Generation auch der Nachfahren beschnitten werden[226]. In diesem Moment wird aus einer Familie der Beginn eines Volkes mit der Identität des Bundes Gottes. Und es hat einen gesonderten Status gegenüber anderen Völkern (worauf später noch eingegangen wird).

Aufgrund dessen, dass Abraham diese Beziehung zu Gott hat, kann auch die nachfolgende Begebenheit verstanden werden. Nachdem Gott einen Bund mit Abraham mit all seinen Zusagen geschlossen hatte, und ein Verständnis füreinander mittlerweile so groß war, war es Gott unmöglich geworden etwas in der Umgebung des Abraham zu tun, ohne diesen vorher darüber zu informieren[227]. Wie es unter Freunden halt üblich ist[228]. Und da Abraham auch Gottes Herz kennt, beginnt er zu intervenieren. Letztendlich erreicht Abraham ein Resultat, dass ein Fünftel von der ursprünglich angesetzten Eingangsvoraussetzung ist. – D.h. Verschonung der Stadt Sodom und deren Umgebung wenn 10 Gerechte gefunden werden sollten. Und trotzdem keine 10 Gerechte gefunden wurden, setzte Gott sein ursprüngliches Vorhaben nicht

---

[225] Hes 18,23 ; Jes 43,1 ; 2.Tim 2,19 ; Mt 22,14 ; 1.Pe 2,4
[226] 1.Mose 17,9-13
[227] 1.Mose 18,17-19
[228] Jes 41,8 ; Joh 15,15 ; Spr 22,11

hundertprozentig um sondern verschonte Lot und seine Familie indem ER sie evakuieren ließ. Und dies um Abrahams willen[229]. Allerdings unter den Verlust des scheinbaren (aber auf menschlicher Überlegung basierenden) Segens für Lot. Jetzt wäre der Zeitpunkt für Lot gewesen mit Gott daraus das Beste zu machen[230]. Aber, stattdessen zog er sich immer weiter zurück und das nicht nur von den Menschen sondern auch von Gott[231]. Bis schließlich durch Inzest zwei Kinder entstanden, deren Völker dem Volk Gottes das Leben schwer machten[232].

Im Leben Abrahams ging es weiter[233]. Isaak wurde geboren, was ein neues Problem mit sich brachte. Weniger mit Isaak an sich, als vielmehr mit Ismael. Er war eigentlich der Erstgeborene. Wie sieht es also mit dem Erbe aus?– Denn normal wäre der Erstgeborene derjenige welcher die Familie weiter fortführt. Wer gilt jetzt als der eigentliche Nachfahre und Fortführende des Volkes Gottes? (Interessanter Weise existiert diese Streitfrage heute immer noch). In Rücksprache mit Gott trifft Abraham eine schwere aber klare Entscheidung. Für den jüngeren aber verheißenen Sohn und gegen den Erstgeborenen aber aus

---

[229] 1.Mose 18,22- 19,29
[230] Hos 5,15- 6,3 ; Ps 37,39
[231] 1.Mose 19,20 +30
[232] 1.Mose 19,37-38 ; 5.Mose 23,4 ; 1.Kön 11,33 ; Zef 2,8
[233] 1.Mose 21,1-21

Ungeduld und menschlicher Überlegung gezeugten Sohn[234]. Hier sehen wir das nächste Prinzip: ***Die Freisetzung durch Verheißung geht vor menschlicher Ungeduld[235]. Vielmehr noch, es kann und darf nichts neben Gottes Plänen und Absichten geben[236]***. Daher ist eine Trennung unumgänglich.

Die nächste Situation im Leben Abrahams sehen wir in dem Verlangen Gottes, dass Abraham den Sohn der ihm ja ausdrücklich von Gott verheißen wurde, opfern sollte[237]. So befremdlich dies in unserer heutigen Zeit zu sein scheint, so ist es für die früheren Jahrhunderte und Jahrtausende doch nichts Ungewöhnliches[238]. Ungewöhnlich allerdings ist dies: dass der Gott welcher sich dem Abraham bekannt gemacht hat und ihn so gesegnet hat, nun etwas so scheinbar Konträres von Abraham fordert. Für Abraham gab es keine Frage, ob er es tun sollte oder nicht. Denn er kannte Gott soweit, dass Gott nicht etwas veranlassen würde[239], wenn ER damit nicht etwas bezwecken wollte. Für Abraham bestand kein Zweifel, dass Gott seine einmal

---

[234] 1.Mose 21,12-14
[235] Röm 4,13-14 ; Röm 9,8 ; Gal 4,23 ; Gal 3,17
[236] Ps 33,11 ; Spr 16,3 ; Spr 19,21 ; Jes 14,24
[237] 1.Mose 22,1-18
[238] Ps 106,37 ; 2.Kön 3,27 ; Jer 3,24
 Kinderopfer sind u.a. auch in der Frühzeit der Römer sowie bei den Inkas, den Katharern, der Frühzeit der Friesen u.a. bekannt.
[239] Jer 7,31

gegebene Verheißungen auch einhalten würde. Wie auch immer[240]. Es gab keine Frage des „Ob" für Ihn. Und so war er bereit bis zum Äußersten zu gehen[241]. Aber im letzten Moment griff Gott ein und hinderte Abraham die Tat auszuführen[242]. Stattdessen zeigte Gott ein Ersatzopfer[243]. Ich sehe in dem Ereignis ein weiteres Prinzip des Reiches Gottes: *Eine Verheißung Gottes kann nicht so groß und hoch angesiedelt sein wie die Beziehung zu Gott selber[244]*. Es sei denn, sie ist Teil der Beziehung. Um das nochmals zu verdeutlichen – Gaben, Fähigkeiten, Geschenke sie werden auf dem Prüfstand der Beziehung zu Gott gestellt[245]. Leider legen manche Gläubige im Laufe der Zeit immer mehr ihren Schwerpunkt auf ihren Dienst für Gott und die Beziehung leidet darunter[246]. Der Grund dafür ist, dass ich meine Beziehung und Dienst mit den Methoden der Welt führen will[247]. Und infolge dessen, nimmt die Effektivität ab.

Ein letztes wichtiges Ereignis, welches ich im Leben Abrahams erkenne ist, dass er für Isaak, dem Sohn, eine

---

[240] Heb 11,17-19
[241] Jak 2,21
[242] Jes 59,1
[243] 1.Mose 22,13 ; Mt 20,28 ; 3.Mose 17,11 ; Heb 9,12
[244] Joh 17,6 ; 1.Kor 4,7 ; Röm 11,36
[245] 2.Kor 8,5 ; Jak 1,17
[246] Mt 24,12
[247] Gal 3,3

Braut durch „SEINEN" Knecht suchen lässt[248]. Und er ist sich sicher, dass dieser auch die Braut finden wird. Und mit diesem Ereignis möchte ich einen kleinen Einschub wagen. Denn es heißt, dass die Ereignisse des Alten Testamentes ein Schatten (ein Vergleichsbild, eine Vorausansicht) der Dinge sind, welche im neuen Testament (zum größten Teil) zur Erfüllung kommen sollten. Und in diesem Zusammenhang kann ich Gottes Absichten in Abrahams, und nicht nur in seinem sondern auch meinem, Leben deutlich erkennen.

Abrahams Leben spricht von:

1. Der Vaterschaft Gottes (nicht nur der „eigenen Kinder", sondern auch der Adoption Außenstehender, u.a. Lot)[249]
2. Dass Gott Heimat und Identifikation/Identität gibt[250]
3. Dass Gott Schutz und Segen gibt[251]
4. Der Beziehung und Offenbarung[252]
5. Der Fruchtbarkeit und Kreativität[253]
6. Dem Mut und Kraft und Autorität[254]

---

[248] 1.Mose 24,1-67
[249] 1.Mose 17,4 ; Röm 4,12 ; Eph 3,14-15 ; Ps 103,13 ; Spr 3,12 ; Jes 64,7 ; Jer 3,19; 1.Pe 1,17
[250] 1.Mose 13,15 ; Heb 11,13-16 ; Joh 14,23 ; Joh 14,2 ; 1.Joh 3,1 ; Röm 8,15 ; Eph 1,5
[251] 1.Mose 22,18 ; Ps 71,3 ; Ps 91 ; Spr 10,6 ; Spr 10,22 ; Heb 6,7
[252] 5.Mose 4,7 ; Ps 145,18 ; Eph 2,13 ; Jak 4,8 ; 5.Mose 29,28 ; Mt 11,27 ; Ph 3,15
[253] 1.Mose 12,5 ; 1.Mose 17,6 ; 1.Mose 18,7-8 ; 2.Mose 36,1 ; Jak 3,13

7. Der Entschlossenheit und Nachfolge[255]
8. Der Dankbarkeit und Aufopferung[256]
9. Der Verheißung und Opfer[257]
10. Dem ewigen Bund[258]

Und wenn ich mir all diese aufgezählten Punkte anschaue und miteinander in Verbindung bringe, hat Gott gleich zu Anfang des Volkes Gottes ein Beispiel gegeben, was in SEINEM Sohn Jesus Christus zur Vollendung kommen sollte[259]. Stärker als viele andere Stellen und Ereignisse im Wort Gottes offenbart Gott, wie die Beziehung zu IHM (Gott) aussehen könnte und was ER (Gott) tun möchte damit eine Beziehung zu IHM möglich ist[260] und das bis hin zum Ort des Geschehens[261]. Und auch wie „der Knecht" (der Heilige Geist)[262] um „die Braut" (die Gemeinde)[263] für „den Sohn" (Jesus Christus) wirbt und IHM zuführt[264].

---

[254] 1.Mose 14,13-16 ; 2.Chr 17,6 ; Esra 7,28 ; 5.Mose 28,13 ; Jes 40,31 ; 1.Pe 2,9
[255] 1.Mose 12,4 ; 1.Mose 15,11 ; 1.Mose 14,22-23 ; 1.Tim 4,12 ; Ph 3,13
[256] 1.Mose 14,20 ; 1.Mose 14,24 ; 1.Kor 13,3 ; Röm 9,3 ; Ph 2,17
[257] 1.Mose 22,8+16-18 ; Heb 9,14+26
[258] 1.Mose 17,7 ; 2.Mose 19,5 ; Hes 16,60 ; Hes 37,26 ; 1.Kor 11,25 ; Heb 8,8-10+13
[259] 2.Kor 1,20 ; Off 3,14 ; Off 21,6
[260] 1.Kor 1,30 ; Eph 1,5 ; Eph 2,11-17
[261] 1.Mose 22,2 ; 2.Chr 3,1 (das betrifft auch den wieder aufgebauten Tempel)
[262] Joh 15,26 ; Joh 16,13
[263] Off 21,2 ; Eph 5,23
[264] 1.Kor 2,12 ; 2.Kor 3,3 ; Eph 1,17

✱

Aber nicht nur, dass Gott sich einer bestimmten Gruppe, Familie, Volk offenbart sondern, sie sollen das Beispiel für Gottes Absichten mit der ganzen Menschheit abgeben. D.h. Gottes Volk, welches später Israel genannt werden wird, ist nicht nur ein Beispiel sondern auch der Träger und Verbreiter der Absichten Gottes[265]. Für den einen oder anderen mag es schwer zu verstehen sein aber, man ich kann sagen: Im Kleinen wollte Gott offenbaren, was SEINE Absichten im Großen sind. Natürlich spielen einzelne Menschen oder Gruppierungen, bis hin zu ganzen Völkern, auch eine Rolle[266]. Was jedoch dabei immer bedacht werden muss, Gottes Souveränes Herrschen und Handeln wird durch die Handlungsweise des Menschen nicht verändert. Um dies zu verdeutlichen, will ich zwei Beispiele heranziehen.

Beispiel Nr. 1 –

Bei einer Staatsgründung wird sich klargemacht, wie das Zusammenleben untereinander und gegenüber dem Staat bzw. deren Repräsentanten aussehen soll. Es werden Gesetze, Gebote und Regeln erlassen. Diese stehen fest und niemand ist davon ausgeschlossen. Selbst diejenigen

---

[265] 1.Mose 22,18 ; 5.Mose 7,6-7 ; Ps 33,12 ; Jes 41,10-12 ; 1.Chr.16,24+31 ; Ps 67 ; Jes 42,6 ; Jes 43,21 ; Jer 13,11

[266] u.a. Neh 9,7 ; 1.Kön 8,16 ; Jer 27,6 ; 5.Mose 21,5 ; Jer 35,18-19 ; 2.Kön 2,3+5 ; 5.Mose 7,6 ; Jes 41,25 ; Jes 49,22

nicht, welche die Gesetze erlassen haben. Auch die Rechtsprechung geschieht nicht nach Gutdünken sondern, sie basiert auf den zuvor festgelegten Gesetzen. Nun, bei Gott ist es fast ähnlich. SEIN Reich und SEIN Herrschaftsbereich basiert, wenn auch nicht demokratisch ermittelt, so doch auf den wohl besten Regeln, welche es geben kann[267]. Und das bedeutet, selbst Gott handelt nicht einfach willkürlich, sondern aufgrund der von IHM zuvor festgelegten Regeln. Sicher gibt es Situationen oder Entscheidungen, welche nicht immer leicht verständlich sind (so wie in einem Staatswesen auch). Dennoch kann nicht gesagt werden, dass Gott ungerecht wäre[268]. Denn, ER hält sich an SEIN Wort[269]. Würde das bedeuten, dass Gott nur nach Recht und Ordnung geht und es keinen Platz für Gnade und Barmherzigkeit gibt?

Keineswegs! – Vielmehr ist der Grund, dass die Stellen und Bereiche, an denen diese Worte der Gnade und Barmherzigkeit vorkommen, zu wenig bekannt sind und dementsprechend auch nicht „studiert" (um im Terminus des Staatswesens zu bleiben) wurden[270].

---

[267] Und die Gesetze der meisten Länder der Erde richten sich annähernd, wenn auch unbewusst, danach aus.
[268] Hiob 40,2 ; Pred 6,10 ; Jes 1,18
[269] Jes 31,2 ; 4.Mose 23,19
[270] Ps 23,6 ; Ps 25,7 ; Mt 5,7 ; Mt 23,23 ; Lk 1,50 ; Röm 9,14-16

Hier nun Beispiel Nr. 2 –

Nehmen wir eine Familie. Mann und Frau kommen zusammen und entscheiden sich eine Familie zu gründen. Und mit dieser Aussage fängt alles an. Inwiefern?

Nun, es gibt gleich zu Anfang schon so manche Fragen, die man sich im vornherein stellen sollte. Denn, wenn die Situation da ist, an der man sich entscheiden muss, dann kann ich bloß nur noch reagieren. Und dies würde bedeuten, nicht ich bestimme in welche Richtung es geht, sondern die Situation bzw. andere Menschen. Also, mit welchen Fragen kann bzw. sollte ich mich beschäftigen?

- Will ich mich auf eine Familiengründung überhaupt einlassen? – Haben wir genügend Platz (Raum)? – Ist die Versorgung der Familie gewährleistet? – Wie soll das Kind heißen? – wie soll das Kind erzogen werden? – Welche Mittel stellen wir zur Verfügung, damit das Kind später auch „auf eigenen Beinen" stehen, sprich erwachsen werden, kann?

Sicher gibt es zu Beispiel 1 und 2 noch vielmehr zu sagen. Was ich aber hier heraus kristallisieren möchte ist, Gottes Absichten bestanden bereits als das Schöpfungs-Werk begann.

Hat Er zwischenzeitlich Seine Meinung geändert? – Nein[271].

Wird Er Seine Meinung und Pläne ändern? – Nein[272].

---

[271] Mal 3,6

Und das ist das Gute daran. Da Gott sich in Seinen Absichten und Meinung nicht ändert, kann ich verlässlich mit den gegebenen Aussagen Gottes umgehen und mein Leben daraufhin ausrichten. Und aus diesem Grund kann ich auch die Aussage treffen, dass zu keinem Zeitpunkt, welcher uns Menschen bekannt sein könnte, Gottes Pläne und Absichten ins Wanken geraten wären oder noch kommen könnten[273]. Jetzt könnte ich hier bei Abraham, wo wir gerade stehen geblieben waren, aufhören und sagen, dass grundsätzlich alles gesagt ist – alles Andere fügt sich da hinein. Aber ich fühle mich von meinem lieben Vater und Herrn des Universums gefordert noch mehr bekannt zu machen. Schließlich geht es darum, wo ich und auch viele mit mir die Ewigkeit verbringen werden. Natürlicher Weise werden sich so manche Ereignisse, wenn es um die Erwählung, Individualität und Herrschaftsbereiche geht, auf die Anfänge in Abrahams Leben rückbeziehen[274].

Von Isaak bis Joseph

Wir wollen doch sehen, was es mit dem Reich Gottes auf sich hat. Wenn wir daher jetzt das Leben von Isaak

---

[272] Ps 89,35 ; Sach 8,14-15
[273] Jak 1,17
[274] Röm 4,11-13 ; Gal 3,6 ; Gal 3,8-9 ; Gal 3,16

anschauen dann, hat es offensichtlich nichts mit dem Reich Gottes zu tun. Und doch ist eine Sache, welche eine geistliche Dimension besitzt, wichtig. Jetzt werden gleich einige sagen: wenn man will kann man alles vergeistlichen. Ich möchte dem nicht widersprechen denn, wie ich bereits zu Anfang erklärte hat unser Reden und Handeln, ja unser ganzes Sein auch eine geistliche Dimension. Bei Isaak war es die, dass er die Brunnen seines Vaters (die bereits zu seiner Zeit verschüttet waren) wieder ausgegraben hat[275]. Einige fragen sich jetzt: Und was hat das mit dem Reich Gottes und seiner Realität zu tun?

Nun, manche Wahrheiten, welche Menschen vor unserer jetzigen Zeit erkannt haben und in oder mit ihnen lebten, sind manches mal im Laufe der Zeit verschüttet worden. Und diese (Wahrheiten) gilt es erneut „auszugraben" und in Ihnen zu leben. Denn, nur weil es alt oder nicht so geläufig ist, heißt es nicht, dass die Wahrheiten nicht wahr oder nicht „zeitgemäß" wären. Ich möchte nochmals betonen, weil Gott sich nicht ändert werden sich auch die Prinzipien Seines Reiches nicht ändern. Die Form allerdings schon. Aber dazu später.

Auch in Jakob sehe ich einige Prinzipien des Reiches Gottes und wie Gott SEINE Pläne weiter verfolgt. Das erste

---

[275] 1.Mose 26,18

mal sehe ich dies an dem Punkt als Jakob seinem Bruder das Erstgeburtsrecht abfeilscht und dann auch noch den Segen des Erstgeborenen sich erschleicht[276]. Hier geschieht doch offensichtlich Unrecht. Warum greift Gott denn nicht ein, um Jakob von diesem gravierendem Fehlverhalten abzubringen? – An anderer Stelle tut ER es doch auch[277]. – Weil Gott Alles was das Erstgeburtsrecht behandelt anders als wir Menschen sieht. Für Ihn zählt in erster Linie nicht ob derjenige als erster geboren wurde, sondern ob derjenige es (das Erstgeburtsrecht) für sich als wichtig ansieht und darin lebt[278]. Und Jakob erkannte auch, dass das Erstgeburtsrecht allein ohne den ausgesprochenen Segen wenig nützt, ja dass es sogar zusammen gehört[279]. Und Jakob wollte beides haben[280]. Während sein Bruder jeweils nur im vorhandenen Moment gesegnet sein wollte[281]. Und hier kann ich die zwei Typen von Menschen sehen. Während die Einen alles daran setzen eine Bestimmung und den dazu benötigten Segen zu bekommen[282], ist es für die Anderen nur notwendig,

---

[276] 1.Mose 25,29-34 + 27,1-33
[277] 4.Mose 22,11-12 ; 1.Kön 12,21-24 ; 1.Mose 20,3-7
[278] 4.Mose 8,17 ; 5.Mose 21,17 ; 1.Chr. 5,1 ; 1.Mose 48,9.13-19
[279] Es geht um die unmittelbare Nachkommenschaft als erster die Ziele Gottes mit dem Leben, der Familie, dem Volk und schließlich der Nation weiter fortzuführen.
[280] 5.Mose 30,1 ; Spr 10,12 ; Heb 6,7
[281] 1.Mose 25,32 ; 1.Mose 25,34 ; Ps 109,2+17 ; Heb 12,16 ; Mal 1,2-3
[282] 1.Kor 9,24 ; Dan 10,12 ; Heb 6,15 ; Ps 70,5

dass es ihnen gut geht[283]. Denn, was sagt das Erstgeburtsrecht aus? – Es ist die Übergabe „des Stabes", sprich der Fortführung der Familie, mit seinen Rechten und Pflichten und dies betraf zu der Zeit nicht nur die Übernahme des Hausstandes, sondern in gewisser Weise auch das Fortführen von Zielen und moralischen Standards (zum Teil hat sich dies bis ins 20. Jahrhundert fortgesetzt), sowie bis hin zur Auslebung geistlicher Werte[284]. Deswegen war der Segen dazu auch so notwendig. Weil dieser gewährleistete, dass nicht alles aus eigener Kraft gemacht werden musste und die Gefahr bestand, dass alles weniger wurde[285]. Ohne den Segen Gottes geht es also nicht. Und darum ist Gott nicht eingeschritten, weil Jakob sich nach allem ausgestreckt hat. Wenn auch zu Anfang etwas eigennützig. Ihm war bewusst, dass es kein Zuckerschlecken ist, aber für ihn gab es keine Frage[286]. Er wollte mit einer Bestimmung, anstatt ohne Ziel in den Tag hinein, leben. Jakob wollte in den Plänen und Absichten Gottes weitergehen[287], während es Esau egal war. Hauptsache es geht ihm gut und es läuft nach der Weise wie es ihm gerade passt[288]. Leider sehe

---

[283] Jes 22,13 ; Tit 1,12 ; Ph 3,19 ; 2.Tim 4,10
[284] 1.Mose 17,7 ; 1.Mose 26,4 ; 5.Mose 30,6 ; Est 9,27 ; Jes 59,21 ; Spr 13,1 ; Spr 22,6
[285] 1.Sam 2,9 ; Spr 14,1
[286] Mi 6,8 ; 1.Pe 3,15
[287] 1.Mose 28,20 ; Joh 6,68-69 ; Ps 16,11 ; Ps 25,12
[288] 1.Mose 26,34-35

ich dies auch in vielen Gemeinden/Kirchen unterschiedlichster Couleur. Menschen wollen gesegnet sein (wer will das nicht?), aber ohne in ihrer Bestimmung laufen zu müssen. Sie leben ihr Leben weiter, als ob es unwichtig ist wie man lebt und wundern sich dann, dass andere mehr gesegnet sind als sie selber und sind neidisch und aggressiv denjenigen gegenüber[289]. Wenn ich jetzt noch ein Schritt weitergehe, könnte ich sagen: dies ist ein Schatten von dem, dass Jesus für mich das Erstgeburtsrecht errungen hat[290]. Und es ist klar – wenn mir das nichts wert ist, wie sollen mir dann die anderen geistlichen Dinge in Gottes Reich etwas wert sein[291]. Fazit: **Das Reich Gottes ist Bestimmung und Segen um in dieser Bestimmung laufen zu können.**

Eine weitere Begebenheit war ein Traum, in dem Jakob mit der himmlischen, geistlichen Welt und wenn man so sagen will, mit Gottes Reich konfrontiert wurde. Der Traum mit der Himmelsleiter"[292]. Inwieweit hat dies mit Gottes Reich zu tun?

---

[289] Jak 1,22-26 ; 2.Tim 3,2-7 ; Apg 8,13-24 ; Apg 19,14-16 ; 1.Kor 11,26-30
[290] Gal 3,26 ; Heb 2,10-12 ; Gal 4,5-7
[291] Ps 49,7-9 ; 1.Pe 1,18+19
[292] 1.Mose 28,12-16

Nun, Gott offenbart Jakob, dass er Zugang zu IHM hätte[293]. Aber es wird noch mehr offenbart nämlich, dass auch die Engel Zugang zur Erde hätten und dies in sichtbarer Gestalt[294]. Obwohl das Reich Gottes mit unseren natürlichen Augen so nicht wahrgenommen werden kann[295], zeigt sich hier, dass mir der Zugang zum Reich Gottes angeboten werden kann; ich selber jedoch auf natürlichen Weg, als Mensch, nicht in der Lage bin mir einen Zugang zu Gott zu verschaffen[296]. Und auch bei Jakob erneuert Gott Sein Versprechen und Seinen Bund, welchen ER mit Abraham geschlossen hatte[297]. Jakob allerdings war nur bereit den Bund einzugehen, wenn bestimmte Voraussetzungen erfüllt wären. Und ich sehe, dass Gott ihm zwar darauf keine direkte Antwort gab, aber Jahre später ließ es Gott sich so fügen, dass er dem Wunsch Jakobs entsprach auch wenn er die geliebte Bezugsperson (seine Mutter) nicht mehr lebend antreffen sollte[298]. Bis es jedoch dazu kam, dass er wieder in die Heimat ziehen konnte, verging noch eine Zeit, in welcher er in allen Bereichen des Lebens heranreifen sollte. Ich sehe, wie er immer wieder herausgefordert war an seinem

---

[293] Heb 11,6 ; Eph 3,12
[294] 1.Mose 28,12
[295] 1.Tim 1,17 ; Heb 11,27 ; Röm 1,20
[296] Ps 65,5 ; Röm 10,6-8 ; Eph 2,8+13
[297] 1.Mose 28,13-15
[298] 1.Mose 28,20-22 + 32,5.14-17 + 35,7.14-15 ; Ri 20,26

Charakter zu arbeiten[299] denn, noch standen sich menschlich (nach eigenem Verlangen) geführtes, dem geistlich geführtem Leben (mit Engelsbegegnungen und Führung durch Gott) gegenüber. Bis zu dem markantestem Wendepunkt im Leben Jakobs: Der Begegnung und des Kampfes mit Gott[300]. Manch einer würde jetzt behaupten – es kann gar nicht Gott gewesen sein, weil Gott ja um ein vielfaches stärker wäre[301]. Eines sollten wir jedoch dabei beachten: Nicht nur dem Engel des Lichts, Lucifer und seine dämonischen Mithelfer, ist es möglich in menschlicher Gestalt zu erscheinen[302] (oder auch Menschen zu benutzen[303]). Wieviel mehr Gott. Und sehe ich den Sohn Gottes, Jesus, in menschlicher Gestalt an, dann waren seine Möglichkeiten als Mensch auch begrenzt[304]. Es ist sehr bezeichnend, dass der Kampf mitten in der Nacht stattgefunden hat[305]. Zu einem Zeitpunkt, in der sich allein schon menschlich gesehen für Jakob herausstellen sollte, wie es weiter gehen kann. Um es auf den Punkt zu bringen: Sein Leben stand auf dem

---

[299] 1.Mose 29,20.25-30 ; 1.Mose 29,30-31+ 31,1-2 ; 1.Mose 30,41-43 ; 1.Mose 31,14-16 ; 1.Mose 31,38-41 ; 1.Mose 32,2-3 ; 1.Mose 32,7-8
[300] 1.Mose 32,25- 32
[301] Jos 4,24 ; 1.Kor 1,25
[302] 2.Kor 11,14 ; Jak 4,7 ; 1.Pe 5,8 ; Off 2,10
[303] 1.Tim 4,1 ; Jak 3,15 ; Off 16,14
[304] Lk 1,31-33 ; Lk 2,52 ; Lk 8,23 ; Ph 2,7 ; Heb 4,15
[305] Jes 26,9 ; Ps 97,2

Prüfstand[306]. Und nun kam dieser Kampf mit einem unbekannten Mann. Dass dieser Mann etwas besonderes sein musste, schien Jakob klar zu sein[307]. Denn, der Kampf schien unentschieden auszugehen. Bis der unbekannte Mann ihm einen Schlag auf die Hüfte gab. Und damit war der Kampf so gut wie beendet[308]. Aber es ist nicht der Kampf an sich, was diese Begegnung besonders wichtig macht. Was für sich allein gesehen schon gewaltig wäre. Es ist das unmittelbar darauf Folgende. Jakob war sich bewusst: Er hatte den Segen von seinem Vater erschlichen; es war eigentlich nicht sein rechtmäßiger Segen und nun konnte er aber durch diesen Kampf einen „ordnungsgemäßen" Segen erhalten[309]. Und den bekam er[310]. Nicht nur, dass sein Name, wie bei seinem Großvater, geändert wurde, nein, mit dieser Namensänderung (in Israel) ist eine Identität verbunden[311]. Und in diesem Moment wurde Jakob bewusst, er war Gott direkt begegnet. Und diese Begegnung veränderte, das Leben Jakobs umfassend[312]. Und das ist das Prinzip des Reiches Gottes: **Nur in der Begegnung mit Gott komme ich zu meiner eigentlich wahren Identität –**

---

[306] (im übertragenen Sinne 2.Chr 32,31) Spr 16,2
[307] Spr 27,17
[308] 1.Mose 32,26+32
[309] 2.Tim 2,5 ; Ps 24,3-5
[310] 1.Mose 32,30
[311] 1.Mose 32,29 (Kämpfer Gottes)
[312] Ps 107,14 ; Joh 8,36 ; 2.Mose 22,6 +1.Mose 33,3-8

alles Andere habe ich mir selber angeeignet[313]. Weiter kann ich sehen, dass diese neue Identität des Namens auf die Nachfolgenden Generationen über geht. Es ist wie ein großes Motto, dass über das entstehende und bestehende Volk über geht. Israel = Kämpfer mit Gott/Kämpfer Gottes. Darin ist so viel enthalten. Wie ich bereits erklärte ist es eine Identität[314]. Und Gott steht darin im Mittelpunkt. Nur mit Gott kann gesiegt werden. Durch SEINE Kraft und Anweisung[315]. Und, Gott legt sich auf jemanden fest und dies zudem als Kollektiv. Es ist sein Kämpfer. Und damit ist Israel als Stellvertreter Gottes auf der Erde eingesetzt[316]. Das bedeutet Anspruch und Pflicht zugleich. Damit bekommt die Familie einen Namen.

Durch verschiedene Umstände, welche Gott zulässt (oder „arrangiert"?[317]) kommt die Familie nach Ägypten[318]. Und darin sind sich viele einig, dass geistlich gesehen Ägypten die Welt darstellt. Warum? – Aufgrund seines Auftretens: des Reichtums, der militärischen Stärke, der Großtuerei, des Wissenschaftlichen Vorsprungs, etc. und letzten

---

[313] 1.Kor 3,10-15 ; Gal 3,3
[314] Im Volk Israel hat die Namensbezeichnung auch mit Identität der Person oder eines Ortes zu tun z.B.: 1.Mose 21,31 ; Mt 1,21 ; 1.Sam 1,20 ; 1.Chr 22,9
[315] 5.Mose 28,9
[316] 1.Mose 18,18 ; 1.Mose 18,22-23 ; Hiob 42,8 ; 2.Mose 4,22
[317] 1.Mose 45,5+7-8
[318] 1.Mose 45,9-13.20 + 46,2-7 ; Mt 2,15 ; Jud ,5

Endes auch wegen der Ablehnung des einzig wahren Gottes[319], welcher sich durch „SEIN Volk" repräsentiert. Interessanter Weise wird hier die Familie Israel zu einem Volk und zwar nicht nur Quantitativ sondern auch vom Selbstverständnis her[320]. Und ein Anteil daran hat Joseph der Sohn Jakobs (Israels) In ihm sehe ich, wie sehr er ein Verständnis von Gott und seinem Reich hatte. Dass er sich auf die Führung Gottes eingelassen hat[321]. Immer wieder betont er die Wichtigkeit und Notwendigkeit, dass er voraus geschickt wurde, um für die Familie alles vorzubereiten[322]. Wenn die Umstände, wie dies geschah, auch nicht gerade dem entsprachen, wie Joseph es sich vorstellte[323]. Aber im Anschauen des Verlaufes seiner Lebensgeschichte war es wohl wichtig, dass aus einem Egozentriker, welcher es auch Andere scheinbar immer wieder spüren ließ[324], zu einem Mann wurde, der in Gottes Absichten dachte und sich für andere einsetzte[325]. In seinem Leben macht sich Gottes Prinzip der Führung erneut sichtbar, wobei die Art und Weise sicherlich nicht

---

[319] 1.Mose 41,57 ; 2.Mose 16,3 ; 2.Mose 14,6-9 ; 2.Mose 7,10-13 ; Jer 46,17 ; 1.Mose 50,26 ; 2.Mose 5,2 ; 3. Mose 18,3 ; 5.Mose 8,14 ; 1.Joh 2,16-17
[320] 1.Mose 46,3
[321] 1.Mose 41,16
[322] 1.Mose 45,5.7-8 ; 1.Mose 50,19-20
[323] 1.Mose 37,24.28.36 ; 1.Mose 39,1-2.7.12.20-21 ; 1.Mose 40,7-8.23 ; 1.Mose 41,14-15
[324] 1.Mose 37,2-3.5.9-11 ; 1.Mose 40,14
[325] 1.Mose 39,5-6 ; 1.Mose 41,33-36 ; 1.Mose 45,9-11

die ist, welche man sich vorstellt. Ich kann jedoch sehen, dass Joseph am Ende seines „irdischen" Lebens etwas von dem Prinzip der Führung verstanden hat. Nicht umsonst gibt er die Anweisung, dass seine Gebeine (sein abgestorbener Körper) beim Auszug aus Ägypten mitgenommen werden sollen, um im verheißenen Land beerdigt zu werden[326]. Hierbei gibt es nur zwei Möglichkeiten, wie er dies wissen konnte. Entweder wurde diese Offenbarung an Abraham weiter gegeben oder, Gott hat ihm dies nochmals direkt gezeigt. Und da Gottes Zusagen, wie wir bereits hörten, wahr sind, kommen sie auch in Erfüllung.

Mose und Josua

Nach der angezeigten Zeit sehe ich, den weiteren Verlauf des mittlerweile zum Volk gewordenen Israel. Und wie wir zuvor bereits schon in verschiedenen Dingen gesehen haben, so sehen wir auch im Leben des Menschen Mose, welcher das Volk aus Ägypten führen sollte, eine Vorausschau auf das, was Jesus der Sohn Gottes später noch tun sollte. Nämlich, die Menschen aus dem

---

[326] 1.Mose 50,24-25

Herrschaftsbereich der Welt zu Gott zu führen, um ein abgesondertes, heiliges Leben zu führen[327]. Wie dies im Einzelnen geschieht, werden wir noch sehen. Zu erst einmal musste Gott dem Mose die Berufung aufzeigen, welche ihm obliegen sollte[328]. Und bei dieser Begegnung offenbart sich ihm Gott als der Heilige und der Gott seiner Vorfahren[329]. Hier zeigt sich, dass Gott die Begegnung ebenfalls als etwas Besonderes ansieht[330]. Aber darauf werden wir noch genauer eingehen. Nachdem Mose den Auftrag angenommen hatte, ging es darum, das Volk Israel von seiner Berufung zu überzeugen[331]. Und hier sehen wir genau dieselben Probleme, welche sich bis heute nicht geändert haben. Ich selber, als Mensch, muss meine Berufung; und das, was Gott mir gesagt hat kennen[332]. Zu Anfang ist das immer besonders schwer und es wird nur wenige geben, die meinen Weg mit Gott bestätigen werden. Das Gros der Menge ist vielfach zu sehr mit ihren eigenen Dingen beschäftigt[333]. Aber es zeigt sich, wenn die Konfrontation mit der Welt oder dem Reich des Satan aufgenommen wird!

---

[327] 1.Kor 7,23 ; 2.Tim 1,9 ; Kol 1,13
[328] 2.Mose 3,10 ; 1.Kor 1,9 ; Gal 1,15 ; Eph 4,1
[329] 2.Mose 3,5-6
[330] 2.Mose 3,5 (heilig – heb. Qadosh = abgesondert für einen bestimmten Zweck, sowie abgetrennt von allem Anderen) ; 2.Mose 19,23 ; 3.Mose 20,7
[331] 2.Mose 4,1-9.29-31 ; Joh 10,37-38 ; 1.Sam 17,45
[332] Joh 1,19-23 ; 2.Kön 2,9-14 ; Apg 8,26-40
[333] 1.Kor 14,26 ; Phil 2,4 ; Kol 2,18-19

Und weil diese Personen so auf Gott angewiesen sind, und es auch wissen, und dementsprechend handeln, kann Gott auch durch sie handeln[334]. So wurden Mose und Aaron nicht nur Fürsprecher für das Volk[335] sondern auch Repräsentanten Gottes und SEINER Absichten[336]. Sie waren also nicht nur Berufene sondern auch im wahrsten Sinne des Wortes Auserwählte[337]. Und so kann ich sagen: **Ein Prinzip des Reiches Gottes ist, als Berufene und Auserwählte aufzutreten[338]**.

Und da wo das vorher Beschriebene geschieht, ist eine Konfrontation mit allen „Reichen", die sich nicht in Gottes Absichten befinden, unumgänglich[339]. Und die Zeit war reif, einer Statuierung eines Exempels Gottes.
Da es beim derzeitigen Pharao bereits eine Grundhaltung dem Volk Israel gegenüber gab[340], ließ Gott es zudem noch hinzukommen, dass sich seine Haltung sogar noch verhärtete[341]. Und da der Druck zumeist von denen gespürt wird, welche sich mit den gegebenen Zielen nicht so identifizieren können, entsteht schnell eine

---

[334] Jak 1,12 ; 2.Tim 2,15 ; 1.Pe 16-7 ; 2.Kor 2,10-11
[335] 2.Mose 28,29 ; 3.Mose 9,7 ; 2. Mose 18,19
[336] 2.Mose 6,26 ; 4.Mose 20,12 ; 2.Mose 7,2
[337] Jes 48,12 ; Röm 8,29-30 ; 2.Mose 19,24 ; Ps 105,26 ; Eph 1,4
[338] 2.Pe 1,10
[339] Jak 4,6 ; Ps 2
[340] 2.Mose 3,19 ; 2.Mose 5,2 ; 2.Mose 7,23
[341] 2.Mose 7,3-4 ; 1.Sam 15,23+1.Sam 16,14 ; Ri 9,23-24

Ablehnungshaltung gegenüber der vorhandenen Berufung[342]. Leider haben in der Vergangenheit dann auch viele aus diesem Grund aufgegeben[343]. Diejenigen, welche aber dran blieben, haben Durchbrüche erlebt[344]. Dies ist ein weiteres Prinzip des Reiches Gottes: **Da es (das Reich mit seinen Bürgern) um SEINE Stärke (sprich die Stärke Gottes als Grundlage) weiß, werden die Absichten Gottes, mit Beharrlichkeit, am Ende auch durchkommen**[345].

Und so offenbart sich Gott durch die 10 Plagen[346]. Um das Folgende besser verstehen zu können, ist es für mich nochmal wichtig im Voraus etwas zu erklären. Das Wort Gottes erklärt uns, in verschiedenen Bibelstellen, wie bereits schon einmal erwähnt, dass Ägypten oder eher das Bild von Ägypten, ein weltliches Prinzip zugrunde liegt, welches, wenn auch nicht immer direkt und offensichtlich, antigöttlich ausgerichtet ist[347]. Dadurch ist es dem Teufel möglich, im verstärkten Maße darauf Einfluss zu nehmen. (Wie ich bereits früher erklärte geschieht dies durch nicht-in-Anspruchnahme der Autorität welche wir Menschen von

---

[342] 2.Mose 5,20-21
[343] 2.Mose 6,9 ; Ps 78,37 ; Jes 64,6 ; Röm 1,28
[344] Ps 20,9 ; 1.Kor 15,58 ; Heb 3,14 ; Heb 10,23 ; Heb 11 ; Off 2,26
[345] Jes 2,2 ; Jes 51,6 ; Jes 55,11 ; Röm 9,28
[346] 2.Mose 7,14-12,30
[347] 2.Mose 5,2 ; 1.Joh 4,3-5 ; 1.Joh 2,16 ; 4.Mose 11,5 ; 3.Mose 18,3

Gott bekommen haben)[348]. In Folge dessen, können wir in den 10 Plagen ein Aufeinandertreffen von Welt/Teufel mit Gottes Reich sehen. Als Erstes kann ich feststellen, dass jede Plage sich mit einem grundlegenden „Gott" (gefallenen Engel) auseinandersetzt[349]. Gott zeigt darin auf, wer der eigentliche Gott und Herrscher ist. Aber ich kann gleichzeitig auch noch etwas anderes sehen nämlich: Gott konfrontiert die Lebensweise der Ägypter. Und zwar befasst sich Gott mit ihnen wie folgt:

Plage 1 Wasser zu Blut = Wasser ist Leben und Begründung für Existenz Ägyptens (Gottheit Hapi – Schöpfergott)[350]

Plage 2 Froschplage = Frosch Symbol für Fruchtbarkeit und Geburt – Daher Geburt Ägyptens (Gottheit Heket – Frau mit Fisch bzw. Froschkopf)[351]

Plage 3 Mückenplage = aggressiv angreifend (Gottheit Neith – Kriegs-und Schutzgöttin)[352]

Plage 4 Hundsfliege = bringen Krankheiten (Gottheit Sachmet – für und gegen Insekten)[353]

---

[348] Lk 8,12 ; Joh 8,44
[349] 1.Chr 16,26 ; Jes 19,1 ; 1.Sam 7,3 ; Ps 82,1.6-7 ; 1.Kor 8,5 ; Kol 2,18 ; Off 9,20
[350] Jes 40,28 ; Ps 24,1-2 ; Heb 11,10 ; Hiob 5,10
[351] 1.Mose 26,22 ; 1.Mose 48,4 ; Apg 14,17
[352] 2.Mose 14,14 ; 5.Mose 20,4 ; 2.Chr 20,17 ; Eph 6,12 ; Ps 91 ; Jer 16,19
[353] Ps 36,7 ; Pred 3,19 ; Jer 12,4 ; Hes 36,11

Plage 5 Viehpest = Vieh steht für Fruchtbarkeit (Gottheit Apis – Mann mit Stierkopf)[354]

Plage 6 Geschwüre = Gesundheit der Menschen (Gottheit Isis –Muttergottheit und Heilerin)[355]

Plage 7 Hagel = steht für Naturgewalt (Gottheit Seth – Gott der Kräfte/Naturgewalten)[356]

Plage 8 Heuschrecken = betrifft die Wirtschaft Ägyptens (Gottheit Min – Fruchtbarkeit und Ackerland)[357]

Plage 9 Finsternis = behandelt das Licht/Universum (Gottheit Re – Sonnengott)[358]

Plage 10 Tod der Erstgeburt = betrifft das Leben an sich (Gottheit Osiris – Wiederauferstehung und ewiges Leben)[359]

Gott offenbart sich in allem als Herrscher und Beherrscher, dass er ER Macht über alles hat. ER offenbart sich so mit Seiner ganzen Person, dass ER ein Alles umfassender Gott ist[360]. Und wenn ER es ist, dann wird auch Sein Reich, welches durch IHN erfüllt wird, so sein[361].

---

[354] 5.Mose 7,14 ; Hiob 1,9-10 ; Ps 50,10 ; Ps 107,38
[355] Jes 53,5 ; Jer 33,6 ; Apg 3,16
[356] 5.Mose 4,19 ; Hiob 9,7 ; 5.Mose 28,12 ; Hiob 37,4 ; Lk 8,25 ; 1.Mose 8,22
[357] 1.Sam 2,7 ; 2.Chr.1,12 ; Ps 72,16 ; Ps 112,3 ; Spr 10,22
[358] 1.Mose 1,4+1.Mose 1,16 (Es gibt anscheinend einen Unterschied zwischen Licht und Sonne, Mond und Sterne) ; Hiob 38,19 ; Ps 104,2 ; Ps 112,4 ; Ps 139,11-12 ; Jes 45,7
[359] Röm 5,17 ; 2.Tim 1,10 ; 2.Sam 14,14 ; Hiob 24,22 ; Ps 21,5 ; Ps 30,4; Joh 11,25 ; Heb 9,15
[360] 2.Mose 9,16 ; 2.Kön 5,7 ; 1.Chr 29,12 ; 2.Chr 20,6 ; Ps 62,12
[361] Röm 11,36 ; Eph 1,23 ; Röm14,17 ; 1.Kor 4,20

Ich kann deshalb sagen: Das Prinzip des Reiches Gottes ist – **_Weil Gott der Garant dafür ist, ist Alles, was ich brauche vorhanden_**[362]. Schon während dieser Ereignisse beginnt Gott bereits SEIN Volk zu formen und Ihnen Grundlagen zur Lebensführung zu geben. Sprich ER festigt es, damit Israel Gottes Befreiung und die Offenbarung SEINER Größe und Macht nicht vergisst[363].

Nachdem das Volk nun ausziehen konnte, weil Ägypten loslassen musste, wurden sie sichtbar in einer Feuer- und Rauchsäule durch einen Engel geführt[364]. Ich kann übrigens genau erkennen: Wenn Gott sagt, dass ER das Volk führen, oder auch schon vorher durch Ägypten gehen, wird, so kann dies sehr wohl auch durch Engel geschehen, welche den Willen Gottes ausführen[365]. D.h. Engel wie auch Menschen können Gottes verlängerter Arm sein. Und dann ist es so, wie wenn Gott direkt handelt oder etwas sagt[366]. (Vergleichbar mit der Polizei, welche im Auftrag des Staates handelt). Wenn die Aussagen überprüft werden sollen, beweist das Resultat die Richtigkeit[367]. Die Israeliten wurden also geführt, bis sie an das rote Meer

---

[362] Mt 6,8 ; Lk 11,11
[363] 2.Mose 12,14+24-27
[364] 2.Mose 14,19 ; 2.Mose 23,20 ; 2.Mose 32,34
[365] 2.Mose 12,23 ;
[366] 4.Mose 20,16 ; Ri 13,8 ; Dan 6,23 ; Dan 10,11 ; Sach 2,7-9
[367] 5.Mose 18,22

kamen. In der Zwischenzeit war Ägypten nicht untätig und war in Begriff den ursprünglichen Zustand wieder herzustellen in dem sie die Israeliten wieder zurück holen wollten. Und das sehe ich auch immer wieder im persönlichen geistlichen Kampf[368]. Die antigöttlichen Kräfte möchten mich nicht nur davon abhalten meine Beziehung zu Gott zu pflegen, nein, damit sind sie nicht zufrieden. Sie wollen mich sogar wieder so weit zurückziehen, dass ich gar keine Beziehung mit Gott mehr habe und zu einem Teil der antigöttlichen Haltung werde[369]. Aber Gott sei Dank, ER ist meine Hilfe[370]. Und hier im Wort stellt sich der Engel mit oder als Wolkensäule hinter sie (die Israeliten) als Schutz[371]. Aber nun stand das Volk Israel trotzdem immer noch zwischen der Wolkensäule und dem Meer. Und wir können hier ein vorläufiges Prinzip des Reiches Gottes sehen und zwar, **dass Gott für SEIN Volk Schutz bietet, es aber dennoch den Stab aufheben muss um vorwärts zu gehen**[372]. Und auch hier offenbart Gott, dass bei so viel antigöttlicher Haltung nur der Tod das Ergebnis sein kann. Und ER lässt die heranstürmenden Ägypter, nachdem die

---

[368] 1.Tim 1.18 ; Eph 6,12 ; Röm 12,21
[369] 2.Tim 2,16-18 ; 1.Pe 5,8 ; 2.Pe 2,14-20 ; 1.Tim 6,10 ; 1.Tim 5,14+15 ; 1.Joh 5,4-5
[370] 5.Mose 33,26 ; Ps 22,6 ; Ps 46,2 ; Spr 2,1-8
[371] 2.Mose 14,19
[372] 2.Mose 14,16 ; Ps 23,4 ; Ps 110,2

Israeliten durchs rote Meer zogen, „erneut" (siehe Noah) durchs Meer ertrinken³⁷³.

Wie ich bereits in der Vergangenheit aufgezeigt habe, Gott befreit die Menschen nicht nur von sondern auch zu etwas³⁷⁴. Und wir erinnern uns, Gott hat eine Absicht mit dem Volk der Israeliten gehabt, nämlich als Vorzeige-Beispiel für alle Völker zu dienen³⁷⁵. Und so ist auch die Verheißung des „gelobten Landes" ein Fingerzeig auf die Verheißung eines Platzes in Gottes Reich, der mir verheißen ist wenn, ja wenn ich die bestimmten Voraussetzungen erfülle³⁷⁶. Auf dem Weg in dieses Land taucht immer wieder die Frage der Versorgung auf. Und jedesmal steht diese als Gegensatz zu der Versorgung Ägyptens³⁷⁷. So steht es fast in der gleichen Schiene wie bei Jakob, der diesbezüglich mit Gott eine Vereinbarung traf³⁷⁸. Hier geht es aber ein Schritt weiter. Hier wird Gottes Versorgung grundsätzlich in Frage gestellt. Und der Unmut macht sich an Personen fest, die Gott ausgewählt hat das Volk zu führen. Und dies erleben wir auch heute noch

---

³⁷³ 2.Mose 14,24-28
³⁷⁴ 2.Mose 3,8 ; 2.Mose 6,8 ; 2.Mose 13,3-5
³⁷⁵ 1.Mose 18,18 ; 5.Mose 4,34 ; 5.Mose 26,19
³⁷⁶ Off 2,7.11.17.26 ; Off 3,5.12.21 ; Off 21,7 ; 1.Kor 9,26 ; Joh 14,2 ; Heb 13,14
³⁷⁷ 2.Mose 16,3-4 ; 2.Mose 17,1-6 ; 4. Mose 11,4-23+31-32 ; 4.Mose 14,22
³⁷⁸ 1.Mose 28,20-21

immer und immer wieder. Da nehmen Menschen von Gott den Stab auf und, sie werden verantwortlich gemacht, dass man selber seinen Glauben nicht aktiviert[379]. Und so steht und fällt dieser Glaube mit ihrem Gutdünken, anhand der Aussagen von deren Leiter, anstatt auf den eigenen Glauben[380].

Daher sind solche Menschen auch wie eine Woge im Wind, hin- und hergetrieben[381]. Weil sie noch nicht einmal die Rückschlüsse ziehen, dass Gott in der jetzigen Situation genauso handeln kann wie in der Vergangenheit[382]. Und hier sehe ich ein klares Prinzip des Reiches Gottes: **Es stellt sich zu keiner Zeit eine Frage nach der Versorgung.** Wenn Gott Gott ist, und das ist ER, dann, ist Versorgung da.

Und auf dem Weg ins verheißene Land wird das Volk Israel auch mit Gegnern konfrontiert, welche sie nicht nur aufhalten sondern gänzlich zerstören möchten[383]. Warum? – Und was hat das mit dem Reich Gottes zu tun? Das Volk, oder die militärischen Einheiten Amaleks, sind die ersten nach dem Auszug aus Ägypten und dem

---

[379] 2.Mose 20,19 ; Jes 3,6 ; Jos 17,14-18 ; 1.Kor 3,4-6
[380] Röm 14,22 ; Jak 2,22
[381] Eph 4,14 ; Jak 1,6
[382] Jak 1,23-25
[383] 2.Mose 17,8 ; 4.Mose 21,23 ; Mt 13,25-28+38-39 ; Joh 8,44 ; 1.Joh 3,8

Durchzug des Roten Meeres, welche aktiv gegen das Volk der Israeliten kämpfen. Dabei nehmen sie keine defensive sondern eine konfrontative Haltung ein. Warum? – Können sie nicht, wie später andere Völker, einfach nur den Durchgang verwehren?[384]

Ich bin der festen Überzeugung, dass dies nicht möglich war. Das wird uns aber erst bewusst, wenn wir uns anschauen wer die Amalekiter waren. Nun, Amalek ist der Nachfahre Esau's[385]. Und vielleicht erinnert sich der eine oder andere, da war doch was zwischen Jakob und Esau. Und der eine hatte den Segen erhalten und der andere musste sich mit dem begnügen was übrig blieb, weil ihm die Berufung egal war, Hauptsache es geht ihm gut[386]. Und nun treffen die Nachfahren aufeinander. Ob und in wieweit die Konfliktparteien sich dessen noch bewusst waren, sei dahingestellt. Dennoch gibt es hier eine geistliche Dimension, welche nicht zu unterschätzen ist. Es ist mit vielen verschiedenen Beispielen in der alten aber auch jüngeren Geschichte nachzuweisen[387]. Dort wo ich mir einen Segen, welcher Art auch immer, erkämpfen will, werde ich verlieren. Viele denken dann jedoch: Ist der

---

[384] 2.Chr 20,10
[385] 1.Mose 36,12
[386] 1.Mose 25,30-34
[387] 2.Kön 14,8-14 ; Apg 8,14-24 ; Kreuzzüge aufgrund von Mt 27,25 +1.Pe 2,7 ; Im Mittelalter Verfolgung v. Gläubigen durch die Kirche ; Verschiedenste Kriege durch u.a. Deutschland, Frankreich, Türkei usw.

Träger des Segens erst einmal nicht mehr lebendig, dann, muss der Segen zwangsläufig auf den Überlebenden übergehen[388]. Zum Verständnis – ähnlich wie bei einem Testament – stirbt der eine, geht das Erbe an die noch Lebenden/oder Überlebenden[389]. Geistlich gesehen geht es daher um mehr als nur um eine kriegerische Auseinandersetzung. Es geht darum wie ich an Gottes Segen und Wohlwollen, oder auch Seine Hilfe herankomme. Bei dieser Auseinandersetzung habe ich mich früher immer gefragt, warum es so wichtig war, dass Mose seine Hände mit dem Stab erhob und warum er dann auch den Sieg vonstatten trug[390]. Hat der Stab etwas von Gott gegebenes Magisches an sich? – Mit Bestimmtheit nicht. Dennoch muss es einen Grund haben, warum der Stab so wichtig ist. Also schauen wir es uns einmal an. Durch den Stab hat Gott angefangen SEINE Ansprüche an den Pharao zu stellen[391]. Der Stab war auch der Grund, warum sich das Meer teilte[392] und dass Wasser aus Felsen quoll[393]. Und in den Himmel erhoben war er das Zeichen als Anerkennung[394] für Gottes Führung und Leitung.

---

[388] Ri 9,1-6 ; 2.Sam 4,5-12 ; 1.Kön 21,1-16 ;
[389] Heb 9,16-17
[390] 2.Mose 17,9-13
[391] 2.Mose 7,9
[392] 2.Mose 14,16
[393] 2.Mose 17,6
[394] 2.Mose 4,17 ; Ps 110,2

David erwähnt es in einem der Psalmen: „Dein Stecken und Stab trösten mich"[395].

Warum ist das so? – Weil ich sicher geleitet werde und weiß, da stellt sich jemand vor mich wenn es brenzlig wird[396]. Und das hilft mir den Stab der Annahme der Führung Gottes, gegenüber des Handelns aus eigener Kraft, hochzuhalten. Da ich jedoch auf der Erde Mensch bin und keine kontinuierliche Kraft und Ausdauer besitze, benötige ich Hilfe[397]. So wie Mose den Aaron und Hur benötigte. Gott hätte sicherlich jeden anderen gebrauchen können. Aber warum ausgerechnet Aaron und Hur? – Nun ich könnte sagen Aaron ist sein Bruder gewesen und scheint wohl nicht so kämpferischer Natur gewesen zu sein. Und da der Assistent von Mose, Josua, der Befehlshaber der Israelitischen Streitkräfte war[398] und Kaleb (In welchem ein anderer Geist war. Der sich mit Gottes Absichten übereinstimmte) welcher den Kampf nicht scheute, auch nicht zur Verfügung stand[399] ergriff Hur, der Sohn Kalebs, die Situation und stellte sich in den Dienst. Er machte sich eins mit den Absichten Gottes. Aber dies so zu sagen und zu akzeptieren wäre zu einfach. Denn auch diese beiden Helfer bieten eine ganz besondere Symbolik.

---

[395] Ps 23,4
[396] 5.Mose 31,3 ; 2.Sam 22,3 ; Ps 18,10
[397] Pred 4,12 ; Spr 17,17 ; Röm 12,4-5
[398] 2.Mose 17,9
[399] Jos 14,11

Aaron steht für den Stamm Levi, welcher später das Priestertum ausüben sollte. Und Hur steht für den Stamm Juda, aus welchem die Königslinie (wenn auch nicht direkt durch Hur) später hervorgehen sollte. Hier taucht es schon auf oder wieder auf: Das Gott ein königliches Volk von Priestern haben möchte[400]. Welchen Schluss kann ich hier für die Situation und das Reich Gottes ziehen?

Aufgrund der Tatsache, dass Gott mich in die Lage eines königlichen Volkes von Priestern versetzt hat, is t meine Hilfe im Kampf gegen die menschliche Art und Weise geistliche Dinge zu erreichen; den Stab der Annahme der Führung Gottes nicht nur zu akzeptieren sondern hochzuhalten[401]. Und das bringt den Sieg über den alten, nicht nach der Berufung lebenden, Menschen[402]. Ist das mein Verdienst wenn ich siege? – Tut mir leid das sagen zu müssen – nein, es ist SEINE Führung (aber ich bin der Träger und Anteilhaber)![403]

Und so ist mein Platz im Reich Gottes nicht in Frage gestellt[404]. Denn jeder steht in diesem Kampf[405]. Ich muss diesen Platz zwar ergreifen aber, er steht weder zur Disposition noch kann ein anderer darauf Anspruch

---

[400] 2.Mose 19,6 ; 1.Pe 2,9
[401] Heb 2,1 ; Röm 8,14
[402] Eph 4,22 ; Gal 5,17 ; Röm 8,5
[403] 1.Joh 5,4 ; Röm 12,3 ; Ps 25,17 ; 2.Kor 2,14 ; Jes 48,17
[404] Ps 139,14 ; Joh 1,12 ; Lk 12,7 ; Joh 14,2 ; Jes 56,4-5
[405] Röm 15,30 ; Jud ,3 ; Ph 1,30 ; Heb 12,4 ;

erheben⁴⁰⁶. Und ich spreche nicht von einer identischen Stelle im Reich Gottes und der Gemeinde. Das sind zwei verschiedene Sachen. In der Gemeinde ist es wichtig, dass bestimmte Positionen ausgefüllt werden⁴⁰⁷. Wenn ich daher meinen Platz nicht ausfülle, kann jemand anderes den Platz übernehmen⁴⁰⁸. Und vielfach ist es notwendig dass jemand anderes es tut⁴⁰⁹. Wenn ich jedoch meine Berufung vollkommen akzeptiere, kann Gott mich an den geeigneten Platz stellen und es kann Segen für Jeden fließen⁴¹⁰. Dadurch wird es jedoch immer zu einer Konfrontation mit denen kommen, welche nur den Segen abschöpfen wollen⁴¹¹. Und mit diesem Kampf hat das Reich Gottes vorläufig zu tun nämlich, jeder der sich zum Reich Gottes zählt, wird in seiner Berufung angegriffen.⁴¹²

Wenn wir das Volk Israel weiter durch die Wüste „begleiten", kommen wir an eine Stelle, welche dem eben Gesagten scheinbar widerspricht. Der Schwiegervater des Mose empfiehlt diesem die Arbeit des Richtens und des Erklärens der Absichten Gottes auf mehrere Schultern zu

---

⁴⁰⁶ Röm 11,29 ; 1.Kor 12,28 ; Eph 3,7 ; 1.Kor 12,26 ; 2.Tim 1,9
⁴⁰⁷ 1.Kor 12,12 ; 1.Kor 12,15-17
⁴⁰⁸ Jes 6,8 ; Mt 21,28-31
⁴⁰⁹ 1.Kor 12,25 ; Ph 2,4
⁴¹⁰ 1.Kor 12,22 ; 2.Pe 1,10
⁴¹¹ Apg 8,18-19 ; Apg 19,13 ; 2.Kor 10,12-18
⁴¹² 1.Pe 1,7 ; 1.Pe 4,12 ; 1.Tim 4,12 ; Apg 9,27

verteilen[413]. Wird dadurch der Berufung des Mose oder die Absichten Gottes geschmälert? – Keineswegs, sondern es wird die Wichtigkeit und Notwendigkeit dieser Arbeit sogar noch hervorgehoben[414]. Und da die Menschen und die Engel im Verhältnis zu Gott begrenzt sind, was gerade beim Menschen in Punkto ihrer irdischen Zeit zutrifft[415], wird Hilfe notwendig. Und Gott stellt sich zu denen, welchen die Berufung des Mose ebenfalls übertragen wurde, genau so wie Er sich zu Mose stellt[416]. In dieser Tradition stehen dann später auch die Richter (siehe Buch der Richter im Wort Gottes). Allerdings sagt es nichts über deren Fähigkeiten/Talente aus. Außer welche Merkmale sie haben müssen[417]. Auch deren Charakter wird nicht klar erwähnt[418]. Was aber klar sein wird ist, dass dieses Amt im späteren Reich Gottes keine Rolle mehr spielen wird. Da es ja niemand mehr geben wird, dem man die Absichten Gottes und die Grundlagen des geistlichen Lebens untereinander erklären muss[419]. Gerade dieser weise Ratschlag, zu dem sich Gott auch gestellt hat, ist heute

---

[413] 2.Mose 18,13-22
[414] 2.Mose 18,23 ; Spr 11,14 ; Eph 4,11-13
[415] 1.Mose 6,3 ; Ps 90,10
[416] 2.Mose 18,23-26 ; 5.Mose 1,9-18 ; 4.Mose 11,16-17 ; 4.Mose 34,17; 5.Mose 3,28 ; Jos 1,1-2
[417] 2.Mose 18,21
[418] Ri 2,18
[419] Ri 2,17 ; Heb 8,11

vielerorts in Vergessenheit geraten[420]. Mose und Aaron konnten die viele Arbeit nicht allein bewältigen[421]. Leider meinen viele Gemeindeleiter sie könnten das. Zwar ist hier in den letzten Jahren ein Umdenken geschehen, aber sind wirklich die Menschen an ihre Plätze eingesetzt worden, wo Gott sie hin haben möchte? – Oder sind es die, welche in unseren Augen scheinbar Talent haben? – Was ich immer dabei bedenken muss, ist die individuelle Art in der jeder seinen Platz ausfüllt[422]. Und anstatt sich darüber zu ärgern, dass der Andere es nicht so macht, wie ich, ist es doch von Vorteil zu sehen wie er es auf seine Weise macht.[423]

Auf unserem Weg durchs Wort sind wir am Berg Horeb angelangt. Ist dies ein besonderer Berg? – Nein. An sich nicht. (leider machen die Menschen aus Orten etwas Besonderes)[424]. Wie wird ein Ort zu etwas Besonderem? – Durch das Erleben von Situationen (Sehen-Hören-Sagen)[425]. Das bedeutet: Es ist eine Lebensmarkierung von der etwas weitergegangen ist. Beim Volk Israel auch

---

[420] Spr 15,22
[421] 2.Mose 18,21-22 ; 4.Mose 11,16-17 ; 4.Mose 18,2 ; 4.Mose 3,6 ; Eph 4,11 ; 1.Kor 12,28
[422] 1.Kor 12,29 ; 1.Pe 4,10 ; Röm 12,6-8 usw.
[423] Röm 11,29
[424] Horeb bedeutet eigentlich Wüste ; Sinai bedeutet der Zackige (gezackte Formation)
[425] In 5 Buch Mose wird er als Berg der Gesetzgebung bezeichnet

als Form eines Altars[426]. Ich glaube persönlich, es musste dazu kommen[427]. Hier (am Horeb) erhielt Mose den Aufruf zur Freisetzung des Volkes und zur Führung ins verheißene Land[428]. Dennoch kann ich einfach sagen: Der erste Teil ist getan[429]. Bleibt die Frage, wie geht es weiter? Und es geht mit einer gewaltigen Aussage weiter. Nicht nur, dass Gott aus ihnen ein Volk machen will und ihnen ein Land verheißt (schon durch Abraham)[430]. ER greift also nicht nur das Wer und Wohin auf. Sondern, jetzt sagt ER auch Wozu. Nämlich ein sichtbares Pendant zum „unsichtbaren" Reich Gottes zu sein. Ein Beispiel für alle Nationen und Völker. Warum dies?

ER sagt – Israel soll SEIN: Königreich von Priestern und eine heilige Nation sein[431]. Mit IHM (Gott) an der Spitze dieses SEINES Königreiches[432]. Es ist sozusagen der Beginn der Etablierung SEINES Königreiches auf Erden. Wenn alle Priester sind, bleibt die Frage für Wen? – Und die Antwort kann nur lauten – Für Gott, um in Seiner

---

[426] 1.Mose 12,7 ; 1.Mose 33,20 ; 2.Mose 20,24 ; Jos 4,7 ; Jos 22,28 ; Ri 6,24 ; 2.Sam 24,18
[427] Es ist der Berg Gottes, weil Gott sich in besonderer Art und Weise offenbarte
[428] 2.Mose 3,7-10
[429] 2.Mose 3,12
[430] 1.Mose 17,8 ; 1.Mose 12,2
[431] 2.Mose 19,6
[432] 2.Mose 19,5 ; 2.Mose 15,18 ; 2.Mose 6,7 ; 5.Mose 4,39

unmittelbaren Gegenwart zu sein[433]. Im Grunde genommen kann ich sagen, ab diese Zeitpunkt offenbart Gott Seine Absicht Israel als Stellvertreter „auf Erden" einzusetzen. Dementsprechend soll ganz Israel das Sprachrohr Gottes sein[434]. Das bedeutet für das Reich Gottes – hier geschieht eine Annäherung. **Reich Gottes und Volk Gottes agieren gemeinsam. Und das Volk Gottes ist Sprachrohr und sichtbarer Ausdruck SEINER Absichten**[435]. Damit es aber auch in eine Richtung/Linie geht bedarf es Personen, die mit Gott im Einklang gehen[436] und wissen in welche Richtung es gehen soll. Und hier gibt ER ein vorläufiges Prinzip des sich Zurückziehens. Ich kann ohne weiteres sagen, dass dort wo etwas großes oder besonderes seinen Anfang auf der Erde nahm, es mit einem sich in die Gegenwart Gottes und SEINES Reiches zurückzuziehen (manches mal auch von Gott gerufen werden) einher ging[437]. Nur dadurch ist es möglich auch Besonderes zu leisten. Und so ging Mose, nach ein paar Anweisungen, auf den Berg Horeb (wohin er

---

[433] 3.Mose 5,13 ; 4.Mose 18,1 ; 5.Mose 17,12 ; 5.Mose 21,5 ; Jes 61,6 ; Hes 44,15 ; 2.Mose 29,43
[434] 1.Mose 12,2 ; 1.Mose 22,18 ; 5.Mose 10,12 ; Jes 27,6 ;5.Mose 4,6-8; 5.Mose 15,6 ; 5.Mose 26,19 ; 2.Sam 7,23 ; 1.Pe 3,15-16 ; 1.Pe 2,9
[435] Jes 43,10 ; Jes 49,3 ; Tit 3,4-8 ; Jak 117-18 Apg 22,15 ; 1.Joh 1,1-4
[436] 2.Mose 33,15-16 ; Apg 13,22 ; 1.Kor 2,13-15
[437] Jos 5,13 ; 1.Kön 17,2-6 ; 2.Kön 4,8-10 ; Hes 3,22-23 ; Hab 2,1 ; Jes 50,4 ; Ps 119,55 ; Mt 6,6 ; Mt 14,23 ; Apg 8,26

gerufen wurde)[438]. Und wenn Gott zuvor noch SEIN herausgerufenes Volk zu einem Königreich deklariert hat, so bedarf es auch eine Ordnung, wie der Umgang darin aussehen sollte. Und ich werde nicht müde zu erklären, diese Dinge sind ein Schatten von dem, was sich in Jesus erfüllen sollte. Aber! – Hier kommt mein aber. Es ist sogar noch mehr!

Weil es ein Stückweit das Reich Gottes auf der Erde repräsentiert. Hier das Königreich der Himmel[439] dort das Königreich der Priester und heiligen Nation. Und beidem steht Gott als König vor[440]. Wenn ich dies erkenne dann, sehe ich auch, dass Gottes Absicht ist, in SEINEM Reich eine HEILIGE NATION von PRIESTERN zu haben. Wie sieht dies aus? – Gehen wir weiter und schauen es uns an. Die Quintessenz aller Ordnungen, darin sind sich weltweit viele einig, sind die 10 Gebote. Von diesen leitet sich alles später Gesagte ab. Aber weil diese Gebote zwar bekannt sind, wollen wir doch nicht darüber hinweg gehen.

Womit geht es denn los?

Ich werde jetzt nicht Alles so wie es im Wort steht aufführen sondern umschreiben. Also, es geht los, indem Gott klar stellt wer sie aus dem Sklavenhaus Ägypten (wir denken an die Welt) herausgeführt hat. Dass ER der

---

[438] 2.Mose 19,9+20
[439] Mt 7,21 ; 2.Mose 19,6
[440] 2.Mose 15,18 ; Ps 10,16 ; Jos 2,11 ; 1.Kön 8,49

einzige wahre Gott ist (was ER zudem vor dem Auszug plastisch bewiesen hatte)[441] und keine andere Götter oder Götzen neben sich duldet[442]. Gott kann und darf nicht auf meine Vorstellungskraft reduziert werden[443]. Er ist unvorstellbar größer[444]. Jegliche Form in nur annäherungsmäßiger Art und Weise Gott darzustellen, wie ER ist, muss zwangsläufig scheitern. Welches Geschöpf kann ermessen, was Alles den Schöpfer ausmacht?[445] – Und die Gefahr dabei ist, Gott so in dem Erschaffenem zu sehen und daran festzulegen, wie ER ist und dies hochzustilisieren. Aber es mag vielleicht nur ein ganz kleiner Teil von dem sein, was Gott ausmacht. Zudem wollen wir ja keinem leblosen Ding den Vorrang gegenüber dem lebendigen Gott geben[446]. Aber genauso ist es fatal zu behaupten, Gott wäre nur Liebe[447] denn, Gott ist ebenso ein zorniger Gott[448]. Er ist Gerechtigkeit[449] und Barmherzigkeit[450]. Außer der Haltungen von Lüge, Hass (zerstörerisch), Mord und Zweifel lässt sich bei Gott alles

---

[441] 2.Mose 20,2
[442] 2.Mose 20,3
[443] 2.Mose 20,4
[444] Ps 8,4-5 ; Jes 55,8-9
[445] Ps 19,2 ; Hiob 38-41 ; Kol 1,15-17 ; 2.Mose 32,4 ; 4.Mose 21,8-9 +2.Kön 18,4 ; Röm 1,20-25 ; 5.Mose 4,19
[446] Jer 2,27 ; Dan 5,23
[447] 2.Thess 3,5 ; 1.Joh 4,16
[448] 5.Mose 1,34 ; 2.Kön 17,18
[449] Ps 5,9 ; Ps 7,18 ; Ps 9,9
[450] Ps 51,3 ; Lk 1,78 ; 2.Chr 30,9 ; 5.Mose 4,31

an Gutem in seiner reinsten Form finden[451]. Und dies kann und wird niemand jemals darstellen können[452]. Auch wäre es Gott ein leichtes bestimmte Formen von Lebewesen anzunehmen; obwohl Er es (außer hier und da in Beziehung zu Menschen[453]) nicht tut. Und ein weiterer Aspekt, der einen Grund gibt sich keine Art von Bildnis von Gott zu machen, ist es: Der Mensch, oder eher die menschliche Natur, neigt dazu, sich zu vergleichen[454]. Und es soll vorkommen, dass man hier und da in den eigenen Augen besser dasteht als z.B. das Bild oder Statue[455]. Aber was passiert dann in diesem Augenblick? – Wenn dieses, ich sag jetzt einmal Gebilde, Gott darstellen soll und ich mich vergleiche und besser da stehe, dann überhebe ich mich über Gott (denn hier wird ja Gott repräsentiert)[456]. Um dies ebenso zu vermeiden, hat Gott hier sogar einen gewissen Schutz eingesetzt (auch wenn dieser nicht immer beachtet wurde)[457]. Welches Prinzip kann ich darin erkennen? – **Gottes Person und Charakter ist so unermesslich, dass selbst wenn ich mit Gott von Ewigkeit zu Ewigkeit lebe**, was sowieso schon

---

[451] 4.Mose 23,19 ; Mk 10,18 ; Jak 1,17
[452] Ps 40,6 ; Ps 89,7 ; Jes 40,18.25
[453] Was in der Bezeichnung Engel des Herrn in einigen Stellen hindeuten könnte; 5.Mose 4,15 ; Hes 1,26 ; Lk 3,22 ;1.Kön 19,12-13
[454] 2.Kor 10,12 ; Jes 29,16
[455] Jes 44,14-15
[456] 5.Mose 4,25 ; Ps 106,19-20 ; Jes 45,11
[457] Jes 41,29 ; Jes 42,17 ; Jes 44,9

unbegreiflich ist und auch wenn ich zudem jeden Tag mit Ihm Stunden verbringen würde, *ich Ihn in dem ganzen Ausmaß seiner Person immer noch nicht erfassen könnte.* Das alles vorher Gesagte betrifft sowohl die Handlung, wie auch das Reden der Menschen[458]. Und weil es hier um eine so grundlegende Sache geht, lässt Er keine Zweifel aufkommen, dass dies existenziell ist[459]. Der dritte Bereich ist die Sabbath Ruhe, d. h. ein Ablassen von der Arbeit[460]. Ob dieser Tag auch im Reich Gottes seine Bedeutung hat oder haben wird kann und will ich nicht mutmaßen. Aber für den Menschen, und hier im speziellen für die Juden gilt dieser solange die Erde besteht[461]. Warum wurde dieser Tag so speziell eingesetzt? – Jesus selber gibt uns noch einen weiteren Hinweis außerhalb der 10 Gebote. Er sagt, dass dieser Tag für den Menschen gemacht wurde und nicht der Mensch für den Sabbath[462]. Was bedeutet das? – Es ist ein Ruhen von aller Geschäftigkeit[463]. Ein zur Ruhe kommen von „den eigenen Werken"[464]. Und es geht sogar weiter nämlich, damit dieser Tag ein Gottes-Tag wird[465]. Ein Tag also nicht nur der

---

[458] 2.Kor 4,13 ; 1.Joh 3,18 ; Jak 1,22-25
[459] 2.Mose 20,5-7
[460] 2.Mose 20,8-11
[461] Mt 5,18
[462] Mk 2,27
[463] 2.Mose 31,15
[464] Heb 4,10
[465] Jes 58,13

körperlichen, seelischen Ruhe, sondern auch ein Rückbesinnen auf Gott und ein Suchen nach SEINER Gegenwart[466]. Das gilt sicherlich zuerst den Juden. Aber seien wir doch mal ehrlich, für jeden der nicht Israelit ist, wäre es doch auch gut so zur Ruhe zu kommen[467]. Denn ich sehe ja, dass die Welt immer hektischer wird und dass es fast wie ein Prinzip aussieht uns Menschen nicht zur Ruhe kommen zu lassen. Damit ich vielleicht nicht doch noch Gottes Gegenwart suche[468]. Unter dem Aspekt des Reiches Gottes kann ich zwar vordergründig sagen – Dieser Tag hat nur vorläufig etwas mit dem Reich Gottes zu tun weil er zeitlich auf das Erdendasein begrenzt scheint. Wenn, ja wenn, der Schreiber des Hebräerbriefes mich nicht auf diese Ruhe in einem größerem Ausmaß hinweist. Nämlich, ein Ruhen von den eigenen Werken bedeutet eine Anerkennung der Abhängigkeit von Gottes – Sein, Reden und Handeln. Und dann kann ich sagen: Dies ist ein Prinzip des Reiches Gottes – **Die Anerkennung der Schöpfungsakte (Mz. denn die Erde ist nicht der einzige Planet)** und wie bereits schon gesagt, **die Abhängigkeit von Gottes Sein, Reden und Handeln.**

---

[466] 3.Mose 16,31 ; 3.Mose 23,3 ; Heb 4,3-4
[467] Jes 56,2-5
[468] Jos 1,8 ; Ps 77,13 ; Jes 55,6

Wie sieht es aus mit dem Ehren der Eltern[469]. Jetzt könnten (oder vielleicht tun sie es auch) mir viele widersprechen und sagen: Du kennst meine Eltern nicht. Weißt du was sie mir alles angetan haben? – Andere wiederum haben ein gutes Verhältnis zu ihren Eltern. Interessanter Weise verknüpft Gott dieses Gebot mit einem Segen. Es ist eine wenn-dann Verheißung[470]. Warum? – Warum hat Gott dieses als grundsätzliches Gebot angeführt und wie hängt es mit dem Reich Gottes zusammen?

Nun, erst einmal sind es „die Erzeuger" (Und dies jetzt nicht bezogen auf irgendwelche Experimente). Ich habe dadurch eine gewisse Verbindung[471]. Und ich bekomme bereits hier, ob ich es will oder nicht, eine gewisse Identität. Und das ist hier einmal wertneutral. Denn man wird sagen, das ist der Sohn/die Tochter von ... .Im städtischen Bereich wird man sich dessen nicht mehr ganz so bewusst, wie im ländlichen. Dennoch sagt es etwas aus. Nämlich aus welcher Familie ich komme, was wiederum heißt, dass eine Geschichte vorhanden ist[472]. Nicht umsonst sagt man im Sprichwörtlichen „Ich heirate eine Familie" und nicht nur ich heirate meine Frau/Mann. Wir sehen also, die Eltern sind Erzeuger und in bestimmter

---

[469] 2.Mose 20,12
[470] Wenn Du das tust, dann resultiert daraus Das und Das
[471] 1.Mose 29,13 ; Ri 3,15 ; 1.Sam 1,19-28+2,18-19
[472] Jer 35,14 ; Mt 4,18 ; Apg 21,8-9

Weise auch Identitätsgeber. Aber gibt das schon Grund genug sie zu ehren? – Denn jedem Ge- bzw. Verbot liegt etwas zu Grunde, warum es aufgestellt wurde. Dazu muss ich mir die Satzteile einmal genauer anschauen. Und ich sehe

1) Vater u n d Mutter ehren, 2) viele Tage, 3) auf dem von Gott gegebenen Ackerboden.

Vater und Mutter:

Manche sagen ich kann meinen Vater ehren aber meine Mutter nicht oder umgekehrt. Und wir sehen als Kinder die Eltern allzu häufig nur als Einzelpersonen an. Aus Gottes Sicht heraus bilden diese als Ehepaar ein Ganzes[473]. Auch wenn dies sich für manche unpopulär und unmodern anhört, für Gott ist dies der gute und richtige Weg[474]. Dementsprechend kann ich sagen: Wenn Gott zum Vater redet, hat dies Auswirkungen auf die Familie[475]. Umgekehrt, redet ein Kind mit seiner Mutter, ist der Vater genauso davon betroffen[476]. Warum ist das so? – Weil Gott sich im Wort, auch später immer wieder, als Vater und teilweise auch als Mutter für SEIN Volk offenbart[477]. Und da die Eltern Gott in gewisser Weise sichtbar auf der Erde repräsentieren (wir erinnern uns an die Schöpfung), sollte

---

[473] 1.Mose 2,24 ; Mt 19,6
[474] Mt 19,8
[475] 1.Mose 31,3 ; 1.Kön 8,19 ; Eph 6,4
[476] Spr 10,1 ; Hhl 3,11 ; Jes 50,1
[477] 5.Mose 32,6 ; 2.Sam 7,14 ; Jes 64,7 ; Joh 20,17 ; Jes 66,13 ; Lk 13,34

es so aussehen, dass wenn ein Kind zu den Eltern kommt, es ebenfalls zu Gottes Stellvertretern kommt und somit zu Gott[478]. Und wenn ich mir dessen bewusst werde, bekommt der zweite Teil eine neue Bedeutung. Ich ehre meine Eltern also nicht nur als Erzeuger und als die Fürsorger (leider ist selbst das nicht immer so). Sondern, indem ich sie ehre, ehre ich im übertragenen Sinne ein stückweit Gott der meine Eltern befähigt und eingesetzt hat Eltern zu sein. Die Eltern sollen dementsprechend Gott in Seinen Absichten und Charakter repräsentieren[479]. Deshalb ehre ich also nicht nur die Eltern, sondern auch Gott. Wie ehre ich sie? – Indem ich ihnen Respekt und Achtung entgegenbringe und Gutes von Ihnen spreche. Ich weiß, dass dies in so mancher Familie schier unmöglich erscheint aber, wenn ich mich aufmache auch meine Eltern zu verstehen, wie sie zu dem geworden sind, wie sie eben heutzutage sind, dann werde ich erkennen, dass sie genauso Schwachpunkte haben wie ich. Und ich lerne ihre einstigen Stärken kennen welche vielleicht mittlerweile nicht mehr erkennbar sind[480]. Und aus diesem Grund kann ich sie eben auch dann ehren, weil Gottes gute Absichten immer noch dahinter stehen, auch wenn diese nicht oder wenig durchkommen. Kommen wir zu den verlängerten

---

[478] Eph 6,1 ; Kol 3,20 ; 1.Tim 5,4
[479] 5.Mose 8,5 ; Spr 22,6 ; Jes 2,3 ; Spr 23,22-26 ; Spr 6,20 ; Spr 3,11 ; Spr 28,7
[480] 2.Chr 26,16.20-21+27,1-2 ; Ps 73,17 ; Spr 24,32

Tagen. Dies ist der erste Teil der Verheißung. Wenn ich den ersten Teil erfüllt habe, was heißt das nichts anderes als eine längere Lebenszeit. Das ist schon einmal zu beachten. Es gibt hier einen Aspekt für Lebensverlängerungsmaßnahmen (auf alle Fälle für das irdische Dasein). Können das die Eltern bewirken? – Nein, natürlich nicht. Dies liegt allein in Gottes Hand[481]. Den zweiten Teil können die Eltern auch nicht bzw. teilweise ermöglichen. Denn Gott macht klar aus wessen Hand das Land ist[482]. Übrigens steht hier Ackerboden und nicht Land im Urtext. Damit zeigt Gott (JHWH, der ich bin) dass es um den persönlich, individuellen Lebensweg also Leben + Versorgung geht[483]. Ich fasse also wie folgt zusammen, Gottes Aussage ist: Indem Du meine Repräsentanten, Vertreter, Statt-Halter ehrst, ehrst du MICH und ICH gebe Dir ein verlängertes Leben mit Versorgung[484]. Wie kann ich hier jetzt ein Prinzip des Reiches Gottes erkennen?

Indem ich Gottes eingesetzte Vertreter ehre, ehre ich Gott und werde hier auf Erden den vorläufigen Segen bekommen und dann wenn es Zeit ist die irdische Hülle abzulegen, ewigen Segen. Denn dann, wird es weiterhin Respekt vor eingesetzte Autoritäten geben

---

[481] Ps 66,9 ; Ps 91,16 ; Joh 5,26 ; Ps 118,18 ; Pred 8,8 ; Heb 2,14 ; Off 20,14
[482] 1.Mose 12,7 ; Ps 24,1 ; Ps 89,12 ; 5,Mose 15,4 ; Jes 34,16-17
[483] Spr 10,22 ; Jes 30,23
[484] 5.Mose 30,20

aber, die Ehre geht direkt an Gott[485]. Wir können also an den wenigen Geboten erkennen, auch wenn es um meine Mitmenschen geht, dass sie in einem großen Kontext stehen und hier zwar nur ein Schatten des Ursprünglichen darstellen. Deshalb konnte, ja musste Jesus sagen, dass kein Jota (sprich kleinstes Pünktchen) des Gesetzes durch Ihn aufgehoben wird. Gehen wir also in den grundlegenden Gesetzen weiter. Wenn Gott befiehlt, nicht zu töten[486] dann, kann das nur folgende Gründe haben: Gott ist derjenige, der Leben gibt und kreativ bei meiner Menschwerdung dabei ist[487]. Und weil Er der Einzige ist, welcher Leben geben kann[488], muss Ihm auch als Einzigem das Recht zugestanden sein, Leben zu nehmen. Wenn ich also töten sollte, nehme ich mir ein Recht, welches ich nicht bekommen habe, übrigens auch nie bekommen werde. Und ich spreche hier wohlweislich von Mord. Ob es nun Mord am Mitmenschen ist oder Selbstmord[489]. Anders sieht es allerdings bei Staatswesen aus, welche von Gott eingesetzt sind und sich an die Gebote und Gesetze halten bzw. orientieren. Hier besteht eine gewisse Berechtigung, welche jedoch im Rahmen,

---

[485] Röm 11,36 : 1.Tim 5,3 ; 1.Tim 6,1 ; 1.Pe 2,17
[486] 2.Mose 20,13
[487] Ps 139,13-16
[488] Ps 66,9 ; Hes 33,13 ; Apg 17,25 ; Ps 31,16 ; Hiob 4,9 Dan 5,23
[489] Hiob 13,13-15

immer im Einzelfall zu prüfen ist[490]. Das Prinzip von Gottes Reich ist: **Gott hat die Macht und das Recht Leben zu geben und zu nehmen, und nur ER allein**[491]. Wie ist es beim Gesetz über das nicht die Ehe-brechen. Heutzutage scheint es ja langsam zu einem Volksport ausgeartet zu sein, Versprechen einzugehen um sie wenn es einem nicht mehr passt zu brechen. Aber warum hat Gott dies Gebot gegeben, wenn es doch anscheinend so schwer einzuhalten ist?[492]

Dazu muss ich mir vielleicht bewusst werden, was die Ehe eigentlich ist. Und was die Absicht Gottes dabei ist. Manche behaupten Ehe wäre eine Übereinkunft bei Gemeinsamkeiten, welche dementsprechend gemeinsam besser zu erleben wären[493]. Von Gottes Warte aus sagt Gott selbst; Es ist nicht gut, dass der Mensch allein ist und dass er eine Hilfe benötigt[494]. Das Wort, welches dabei benutzt wird, ist die weibliche Form vom Mann. Viele wissen dies nicht oder werden sich dessen selten bewusst. Dass bedeutet nämlich, hier ist ein Partner auf Augenhöhe (auf gleicher Stufe)[495]. Und wenn mir dann auch noch bewusst wird, dass dem Mann ein Teil genommen wurde,

---

[490] 4.Mose 35,16-18 ; 4.Mose 35,30 ; 1.Tim 1,9
[491] 5.Mose 32,39
[492] Hes 20,25 ; 5.Mose 24,1 ; Mt 19,8
[493] Hobbys, Arbeitsziele oder gesellschaftlicher Stand
[494] 1.Mose 2,18
[495] 1.Mose 2,20.23

aus welchem die Frau entstand[496] dann, wird auch klar – dem Mann fehlt ohne die Frau etwas. Aber auch die Frau ist ohne den Mann nicht komplett[497]. Wie sieht es denn bei den Singles aus, welche ohne Frau/Mann mit Gott ihr Leben leben?

Gott hat gesagt, dass für spezielle Aufgaben Ihr Mangel von IHM gestillt wird[498]. Und ich sehe, dass scheinbar bei diesen Menschen der hormonelle Haushalt anders tickt. Ich will aber auf die Ehe zu sprechen kommen. Adam wurde bewusst als Eva auf die Bildfläche kam, diese Person ist, was mir fehlt[499]. Und es heißt, er erkannte seine Frau[500]. Dieses Wort erkennen bedeutet im Urtext eine gewisse Verschmelzung und zwar nicht nur körperlicher sondern auch seelischer und geistlicher Art und Weise[501]. Aus diese Grunde spricht Gott, dass dieser Mann und diese Frau (Männin) ein Fleisch (eine Einheit) bilden. Es wird auch als ein Bund bezeichnet[502]. Doch ein Bund, so stark und umfangreich er auch sein mag, er besteht aus Vereinbarungen und Absprachen[503]. Wie wir gesehen haben, ist der Ehebund mehr. Es ist eine Verschmelzung

---

[496] 1.Mose 2,22
[497] 1.Kor 11,11-12
[498] 1.Kor 7,34 ; Jak 1,4 ; Ph 4,19
[499] 1.Mose 2,23
[500] 1.Mose 4,1 ; 1.Mose 2,24 ;
[501] Eph 5,31 = wörtlich zu einem Fleisch ; 1.Kor 8,3 ; 1.Kor 13,12
[502] Der Ehe-Bund, Bund fürs Leben usw.
[503] z.B. 1.Mose 29,15-30 ; Ri 14,2.5.10.20+15,1-2 ; 1.Kön 3,1 ; Hos 1,1-3ff

meiner Person. Was geschieht also, wenn ich die Ehe breche? – Ich erkläre das, was ich eingegangen bin passt nicht und reiße mich förmlich von meinem Partner los[504]. Ich muss glaube ich nicht erklären, dass wenn eine Verbindung eingegangen wurde und etwas weggerissen wird, automatisch Verletzungen entstehen und diese Rißkanten, wenn überhaupt, nur sehr schwer heilen[505]. Wenn also Gott sagt, es ist nicht gut, dass der Mensch allein ist dann, erklärt ER hier – es ist schadhaft eine Trennung herbei zu führen. Und in diesem Fall wollen wir auch sehen, wie es im Zusammenhang mit Gottes Reich steht[506]. Ich kann sehen, dass Jesus auf die Frage der Ehe nach dem körperlichen Tod wie folgt eingeht: es würde nicht geheiratet und dies wäre kein Schwerpunkt, da man in einem Engelähnlichen Zustand sei[507]. Also ist die Ehe nur etwas für die körperliche Welt? – Mitnichten! Warum? – Weil Gott und Jesus darauf immer wieder hinweisen, dass das Volk Gottes nicht nur in einem Bundesverhältnis sondern insbesondere in einem Beziehungsverhältnis steht[508]. Und es Gott in keinster Weise daran gelegen ist, dass wir diese Beziehung

---

[504] Als Beispiel: 3.Mose 26,15 ; Mt 19,9
[505] Jes 30,13 ; Mt 9,16
[506] Hes 16,8 ; Hes 16,60
[507] Mt 22,23-32
[508] Röm 9,4 ; 5.Mose 5,3 ; Lk 22,20 ; Joh 20,17 ; Hes 16,8

brechen⁵⁰⁹. Ein Bruch, welcher für mich nur schadhaft sein muss⁵¹⁰. In dem also eine Bereitschaft zum Ehe-brechen zum Partner vorhanden ist, ist es im übertragenem Sinne gleichbedeutend eine Bereitschaft zum Bruch mit Gott vorhanden. Denn wenn ein eingegangener Bund für mich keine Gültigkeit besitzt, dann drücke ich damit aus, dass auch alle anderen Bündnisse nur relativ für mich gelten. Und dem wird mit diesem Gebot als Rahmen grundsätzlich entgegen gesteuert. Nochmals gesagt. Das Prinzip des Reiches Gottes ist: **Die Ehe ist ein sichtbares, vorläufiges Offenbarwerden von dem späteren Beziehungsähnlichen Bund, der mit Gott eingegangen wird.** Das nächste Gebot des Nicht-Stehlens birgt einen weiteren interessanten Aspekt des Reiches Gottes. Wie bereits bei den vorangegangenen und noch folgenden Geboten, bietet auch dieses eine sichtbare, vorläufige, irdische Seite und eine unsichtbare, ewige, Reich Gottes Seite. Inwiefern?

Gott hat jedem ein bestimmtes Maß, sprich Fähigkeiten, Talente, Gaben, Möglichkeiten auch finanzieller Art gegeben⁵¹¹. Diese gilt es anzuwenden⁵¹². Wenn ich es nicht tue, handel ich eigentlich entgegen meinen

---

[509] 2.Kön 17,15
[510] Hos 5,4
[511] Ps 16,5 ; Dan 12,13 ; 1.Kor 12,9 ; 1.Kor 4,7 ; 2.Tim 2,20
[512] Röm 12,6 ; 2.Kor 8,5

Möglichkeiten[513]. Erreiche ich diese Ziele aus welchem Grund auch immer nicht, dann habe ich die Möglichkeit mich an Gott zu wenden, um gegebenenfalls einem Mangel Abhilfe zu schaffen[514]. Hierbei ist es aber unbedingt notwendig zwischen dem, was ich benötige und dem, was ich haben will, zu differenzieren[515]. Sagen wir einmal ich empfinde einen Mangel, ob nun zu recht oder nicht sei einmal dahingestellt. Und ich sehe, dass was ich haben will bei Jemand anderem und nehme es ihm weg. Was passiert dann?

Nun erst einmal zeige ich Gott an, ich will nicht länger darauf warten, selbst wenn du Gott mir das geben wolltest[516]. Zum zweiten glaube ich Gott nicht, dass er mir Diese „Sache" oder wenigstens etwas Vergleichbares geben will[517]. Zum Dritten – Aus diesem Grunde nehme ich es mir selber[518]. Und zum Letzten: Ich verletze die Besitzrechte und Ansprüche des Mitmenschen[519]. Es geht also um meine Versorgung. Wir haben gesehen wie dieser Punkt auf der Menschlichen Ebene abläuft. Wie sieht es aber auf der göttlichen Seite aus?

---

[513] 2.Mose 35,29 ; 1.Pe 4,10 ; Jak 4,17
[514] Ph 4,19 ; 1.Chr 4,10
[515] Ph 4,12 ; Spr 30,7-9
[516] Im übertragenen Sinne Spr 30,15 ;
[517] Ps 119,49 ; 1.Mose 19,31-32 ; 1.Mose 3,1
[518] 1.Kön 21,15 ; 2.Sam 11,15 ;4.Mose 20,8; Apg 5,1-11; 2.Kön 5,19-27
[519] Spr 23,6 ; Spr 24,1 ; Spr 6,30 ; 2.Mose 22,8

Unzufriedenheit ist kein Zustand, welcher in Gottes Reich eine Berechtigung hat[520]. Denn es hat dazu geführt, dass Luzifer sich an Dingen bereichern wollte, welche Gott gehören und das sind nicht immer greifbare Dinge sondern sehr wohl auch ideelle Werte wie z.B. Ehre, Dank, Respekt usw.[521]. Das heißt unter anderem auch, das sich mit „fremden Federn" zu schmücken Diebstahl[522] ist. Das Prinzip des Reiches Gottes ist daher: **Die Besitzrechte und Ansprüche Gottes werden akzeptiert**[523]. Worum geht es bei dem Gebot gegen das Falschaussagen?[524] Nun, hier gibt es natürlich auch verschiedene Gründe, warum Jemand so etwas tun würde. Und zwar sind dies z.B. Neid – Jemandem etwas nicht zu gönnen, was dieser besitzt oder genießt[525]. Streit – ich kann diese Person nicht leiden[526]. Selbstbereicherung – wenn der andere das nicht bekommt, dann ich[527] und schließlich die angebliche Wahrheit der Demokratie (Mehrheit)[528]. Welche Absicht liegen alle Aussagen Zugrunde?

Ich verdrehe die Wahrheit und das Recht. Und wenn ich mir vergegenwärtige, dass Gott die Wahrheit in Person ist

---

[520] 1.Mose 4,5-7 ; Jes 29,24 ; 1.Kor 10,10 ; Jud ,16
[521] Siehe Satans Fall zu Anfang
[522] 1.Kor 10,12-18 ; 1.Chr 29,12 ; Jes 42,8
[523] Ps 24,1 ; Ps 89,12
[524] 2.Mose 20,16
[525] 5.Mose 16,19 ; Spr 18,17
[526] Spr 12,17 ; Spr 13,23 ; Spr 19,28
[527] 2.Mose 23,7 ; Pred 5,7 ; Jes 1,23
[528] 2.Mose 23,2 ; 5.Mose 12,8

und ER aus diesem Grunde nicht lügen kann[529], dann lässt ER auch in keinster Weise einen Zweifel daran, dass ER gerecht ist und Recht spricht[530]. Und dies ist nicht nur im Sichtbaren sondern auch im Unsichtbaren[531]. Dass bedeutet, das **Prinzip des Reiches Gottes hat die Grundlage Wahrheit und Gerechtigkeit**[532].
Was ist mit dem letzten Gebot, der 10 Gebote?[533] – Denn es ist doch so gut wie identisch mit dem vorangegangenen. Aber wenn ich mir die Frage stelle: Warum gerade dieses Gebot, anstatt z.B. „haltet Frieden mit jedermann"? Dann werde ich davon überzeugt, Gott hätte mit keinem grundlegenden Gebot besser enden können als dieses. Warum möchte ich hier skizzieren. Während bei den vorangegangenen Geboten eine Tat in den Vordergrund rückt, ist es hier eine Absicht. Worum geht es? – Das Begehren. Andere Worte dafür sind in starker oder abgeschwächter Form: Gier, Verlangen, eifern, ausstrecken nach … [534]. Und um welche Objekte handelt es sich, was dieses Begehren auslöst? – Alles Dinge meines Nächsten. Und jedes Teil spricht für sich selber. Und so würde ich es sehen: Das Haus steht für die

---

[529] 2.Chr. 15,3 ; Jer 42,5 ; Heb 6,18
[530] 4.Mose 15,16 ; Spr 29,4 ; Jes 45,19
[531] Ps 97,6
[532] Ps 89,15 ; 1.Joh 3,7 ; 2.Pe 3,13 ; Joh 1,17 ; Joh 3,33
[533] 2.Mose 20,17
[534] Ps 10,3

Grundlage/Sicherheit/Lebensweg[535]; Frau steht für Beziehung/soziale Kontakte[536]; Knecht und Magd steht für Verantwortung und Führung[537]; Vieh steht für Segen und Wohlstand[538]; Esel steht für Kraft und Ausdauer[539]. Wenn ich es aus dieser Perspektive anschaue macht alles Sinn. Denn ich begehre, habe Verlangen nach dem, was jemand anderes hat. Ich drücke damit aus, ich habe nicht das, ich bin nicht das, was ich haben und sein sollte[540]. Unzufriedenheit macht sich breit[541]. Man könnte jetzt weitergehen und fragen: Was war jetzt zuerst da, die Unzufriedenheit oder das Begehren. Aber in diesem Falle möchte ich einmal nicht weiter darauf eingehen. Worauf ich jedoch aus bin ist, aufzuzeigen – Erst entsteht im Herzen und Verstand eine Haltung[542]. Und diese Haltung führt zu einer Tat[543]. Und es gibt im Wort Gottes genügend Beispiele, welche dies deutlich machen wie z.B. Kain[544], die Sippe Korah[545], David[546], Absalom[547], Ahab + Isebel[548],

---

[535] 1.Mose 30,30 ; 1.Mose 39,4 ; Mt 7,24-27
[536] 1.Mose 2,24 ; 1.Mose 26,34-35 ; 2.Mose 38,8 ; Spr 5,18 ; Spr 18,22
[537] 1.Mose 24,2 ; 2.Mose 25,35-55 ; Rut 2,9 ; Mt 24,45 ; Eph 6,5-9
[538] 5.Mose 7,14 ; Neh 9,37 ; Ps 107,38
[539] 1.Mose 22,3 ; 1.Mose 42,27 ; 2.Mose 23,5 ; 2.Sam 16,2 ; Jes 30,24
[540] Jes 45,9 ; Hiob 7,20 ; Röm 9,20
[541] Ps 38,10 ; Spr 18,1 ; Heb 12,15
[542] Mk 7,21 ; Lk 24,38 ; Eph 2,3 ; Mt 12,34
[543] Röm 1,28-32
[544] 1.Mose 4,5-7
[545] 4.Mose 16,3.8-11
[546] 2.Sam 11,2-4.5-15
[547] 2.Sam 13,20-29

Simon der Zauberer[549], die Söhne des Hohepriester Skevas[550]uvm. . Ich drücke mit dieser Haltung eigentlich aus: Gott du hast einen Fehler gemacht und deshalb habe ich ein Recht Verlangen nach diesen Dingen zu haben. Es behandelt also meine Haltung, Identität, Integrität, Dankbarkeit gegenüber Gottes souveränen Handelns[551]. Daraus ersehe ich als das Prinzip des Reiches Gottes *eine vollkommenen integeren Haltung gegenüber Gott*.
Und damit wiederum schließt sich ein Kreis innerhalb der 10 Gebote. Und wenn ich dieses alles nochmals zusammenfasse wird es noch deutlicher.

1) Es ist ein Gott/Retter, dieser ist anbetungswürdig/-wert
2) Gott ist zu unermesslich Ihn erfassen zu können
3) Die Namen Gottes widerspiegeln Gottes Charakter. Jede Art damit herumzuspielen erniedrigt Gott.
4) Es geht um die Anerkennung der Schöpfungsakte und Abhängigkeit von Gottes Reden, Handeln und Sein.
5) Es geht um das Ehren von Gottes eingesetzten Vertretern und infolge dessen der Ehrung und Anerkennung der Autorität Gottes.

---

[548] 1.Kön 21,1-16
[549] Apg 8,18-23
[550] Apg 19,8-17
[551] Ph 3,9

6) Gott hat die Macht und Recht Leben zu geben und zu nehmen.
7) Gott geht mit mir einen eheähnlichen Bund ein
8) Die Besitzrecht und Ansprüche Gottes werden respektiert
9) Die Grundlage des Reiches ist Wahrheit und Gerechtigkeit
10) Meine Identität ist verknüpft mit meiner vollkommenen Integeren Haltung gegenüber Gott

Und so beginnen die zehn Gebote mit Gottes Vorstellung und enden mit meiner Inneren Haltung zu Ihm. Ich kann also anhand der zehn Gebote Gottes Wertmaßstäbe für Sein Reich erkennen. Sicherlich mögen meine Ausführungen, im Gegensatz zu dem was wirklich vorhanden ist, auch nur kümmerlich sein. Aber ich denke sie geben einen guten Ansatz sich mit Gott weiter darüber zu unterhalten.

Wir wollen aber hier nicht stehen bleiben. Sondern sehen wie es weitergeht bzw. wie sich das Reich Gottes erkennen lässt. Leider geht es unrühmlich weiter. Und zwar mit dem Volk, welches Gott als SEIN Königreich von Priestern und als heilige Nation bezeichnet hat[552]. Es ist auf einmal nicht mehr so mutig und will diese Position der Priesterschaft mit

---

[552] 2.Mose 19,6

der unmittelbaren Nähe zu Gott nicht in Anspruch nehmen. Weil sie die Begleitumstände bei Moses Reden mit Gott so erschreckt[553]. Und so schieben sie Mose, wie einen „Parlamentarier mit weißer Fahne" nach vorne. Er soll der Mittelsmann zu Gott sein[554]. Und so wurde aus einem Königreich von Priestern „nur noch" Sein Königreich und Volk[555] – mit allerdings, um auf die ursprüngliche Absicht hinzuweisen, ein Stamm, welcher die Aufgaben und mit allem was damit zu tun hat aus- und erfüllt[556]. Und mit einem Hohepriester an der Spitze[557]. Aber dazu kommen wir später noch einmal.

Es ist für mich nicht müßig erneut darauf hinzuweisen, dass so manche Dinge in ihrer Symbolhaftigkeit ein Schatten, von dem was noch kommen sollte, sind[558]; aber auch ein Schatten dessen, was bereits in Gottes Reich, welches für unsere natürlich, menschlichen Augen unsichtbar, vorhanden ist. Darunter fällt auch die Stiftshütte (und später der Tempel in Jerusalem). Der heilige

---

[553] 2.Mose 20,18
[554] 2.Mose 20,19
[555] 5.Mose 7,6 ; 5.Mose 27,9 (nach nochmaliger Wiederholung der 10 Gebote)
[556] 5.Mose 10,8
[557] 4.Mose 3,9
[558] Lk 24,25-27 ; 1.Pe 1,10-12 ; 2.Pe 1,19-21 ; 5.Mose 29,28 ; Spr 25,2 ; Ps 51,8 ; Jes 45,3 ; Jes 48,6 ; Mt 13,35 ; Mk 4,22 ; Röm 5,14

Bezirk/Bereich, wo Gott angebetet werden sollte[559]. Warum lässt Gott dies einrichten, wenn Er später durch Salomo und Stephanus einmal darauf hinweist, dass er nicht in so einem Haus „wohnt"[560]. Zumal es ja auch wieder bedeuten würde Ihn auf eine bestimmte Art und Weise zu minimieren. Es wurde auch schon so viel über die Stiftshütte geschrieben und gesagt. Und man kann daraus jede Menge Gutes entnehmen[561]. Dennoch fühle ich mich verpflichtet in diesem Zusammenhang mit dem Reich Gottes doch die Eindrücke, welche ich bekommen habe, weiter zu geben. Wenn Gott also weder in einem Zelt noch in einem aus Stein gebauten Haus wohnt dann, kann dies nur bedeuten, dass es im Reich Gottes auch keinen Tempel oder Tempelartiges Gebäude als Wohnung für Gott gibt[562]. Das würde aber bedeuten, dass die Symbolik auf etwas anderes hinweist. Und manche Bibelstellen deuten es schon an[563]. Ohne in jedes kleinste Detail hineingehen zu wollen, werden wir uns die Dinge doch einmal anschauen. Im Vorfeld möchte ich jetzt schon darauf hinweisen, dass es kontroverse Ansichten geben könnte. Und ich will es auch nicht abstreiten. Dennoch möchte ich die Kritiker um Verständnis bitten, dass eine

---

[559] Heb 8,5 ; Heb 10,1
[560] 1.Kön 8,27 ; Apg 7,48-49
[561] Gerade in Bezug auf Jesus als Hohepriester
[562] Off 11,19 ; Off 15,5ff ; Off 21,22
[563] Jes 57,15 ; ; 2.Mose 29,45 ; 4.Mose 35,34 ; Lk 17,21

Sache aus unterschiedlichen Blickwinkeln anders aussehen kann. Zu Anfang ist eine Erklärung sehr wichtig zu verstehen nämlich, den Begriff der Stiftshütte, welcher sich bei uns eingeprägt hat. Im Urtext wird stets von der Wohnstätte des Zeugnisses oder dem Zelt der Begegnung gesprochen. Wenn ich dies für die folgenden Erläuterungen im Sinn behalte dann, wird manches schnell klar. Und es beginnt schon damit, dass Gott keine Zwangsabgabe verfügt sondern alles Geben freiwillig geschieht[564]. Damit das Reich gebaut werden kann, bedarf es – „m i c h" – meine Einstellung zu Gott. Ich baue nicht mein sondern SEIN Reich[565]. Meine Einstellung und Beziehung zu Gott sind es, welche den Ausschlag geben, ob ich Anteil an Gottes Reich habe oder nicht. Welche Materialien, beim Geben für das Zelt, zusammengekommen sind, scheint am Anfang weniger die Frage gewesen zu sein, als vielmehr – wie stellt sich Gott den Aufbau der einzelnen Gegenstände vor[566].

Das Allerheiligste - Die Bundeslade (oder auch die Lade des Zeugnisses genannt):

Sie besteht aus Akazienholz und ist mit Gold überzogen; außer der Deckplatte mit den Cherubim welche vollständig aus Gold ist. Akazienholz ist ein sehr hartes Holz, kann

---

[564] 2.Mose 25,1-7 ; 2.Mose 35,4-36,7
[565] 2.Mose 25,9 ; 2.Mose 35,10 ; 2.Mose 35,25 ; 2.Mose 36,1 ; 2.Kor 8,5
[566] 2.Mose 25,40

jedoch schon im frischen Zustand gut bearbeitet werden. Aber, es ist unter normalen Umständen vergänglich[567]. Und dieses soll nun mit Gold überzogen werden[568]. Außerdem ist das nicht die einzige Sache, welche die Bundeslade ausmacht. Ihr Innenleben oder besser gesagt, womit es gefüllt wird, ist ein weiterer Teil der wichtig ist. In der Lade sollen das Manna, die Gesetzestafeln und der blühende Aaronstab gelegt werden (auch wenn dieser erst später hinzu kam). Auch auf die Gefahr hin, dass manches hier wiederholt wird möchte ich auch für die weiter folgenden Gegenstände eine Aussage treffen, welche jeder für sich ruhig mit Gott besprechen kann. Erst einmal ist dabei der Aufstellungsort der Lade wichtig. Es ist das Allerheiligste. Und was macht das Allerheiligste aus? – Die Lade? – Wohl zum Teil ja, aber nur zu einem geringeren Teil. Es ist der Ort an dem Gott den Priestern (also den Menschen als Mittler zwischen Gott und den Menschen) begegnen will[569]. Und derjenige muss mit Blut zur Sühnung kommen[570]. Wir haben also Gott der den Menschen begegnen will. Wir haben die Lade die unter anderem der Grund der Begegnung ist. Und wir haben den Priester, welcher

---

[567] Holz spricht von Vergänglichkeit Hiob 24,20 ; Klgl 4,8 ; Spr 22,6
[568] Reines Gold spricht von Heiligkeit 2.Mose 39,30 ; Hiob 23,10 ; Spr 17,3
[569] 2.Mose 25,22 ; 2.Mose 29,42 ; 3.Mose 9,23 ; 4.Mose 7,89
[570] 3.Mose 16,14-16

wiederum Gott begegnen will[571]. Also stellt sich die Frage: Warum muss die Lade da sein?

Es sind die ganzen Teile, welche ein großes fast unermessliches Bild ergeben. Wenn ich andere Bibelstellen hinzunehme, habe ich eine klare Sicht auf die Dinge. Paulus sagt z.B., dass wir einen Schatz in irdenen Gefäßen haben/sind[572] und dass die Verweslichkeit die Unverweslichkeit anziehen muss[573]. Interessanter Weise kommt hier im Hebräischen ein Wortspiel zusammen nämlich, Aaron (der Hohepriester) und aron (Kasten). Und hier spricht es davon, dass das Holz[574] Gold[575] anziehen muss. Und um weiter im Bild zu bleiben: Welches ist denn der Schatz? – Oder ist es überhaupt ein Schatz?

Es ist wahrlich ein großer Schatz, wenn wir uns bewusst machen wofür die Gegenstände in der Lade stehen.

Das Manna – Es steht für Versorgung, die Gott sogar direkt aus dem Himmel gibt[576].

Die Gesetzestafeln – stehen für die Ordnungen Gottes[577].

Und der Aaronstab – steht für die Berufung und Autorität im Sinne Gottes aufzutreten[578].

---

[571] 3.Mose 16,16
[572] 2.Kor 4,7
[573] 1.Kor 15,53
[574] Holz spricht von Vergänglichkeit Hiob 24,20 ; Klgl 4,8
[575] Reines Gold spricht von Heiligkeit 2.Mose 39,30 ; Hiob 23,10 ; Spr 17,3
[576] 2.Mose 16,15.33 ; 5.Mose 8,3 ; 1.Kor 10,3 ; Joh 6,27
[577] 5.Mose 10,2 ; 5.Mose 17,11.19 ; 5.Mose 31,26 ; 1.Kön 8,9

Im übertragenen Sinne kann ich deshalb sagen, es behandelt den Hunger nach göttlichen Dingen[579], dass Gottes Ordnungen im Innersten verwahrt[580] sind und dass jede Berufung individuell mit der dazu gehörenden Autorität einhergeht[581]. Und diese Dinge sind im Inneren und nicht sichtbar[582]. Was aber sichtbar ist, ist der goldene Überzug, die Platte mit den Engeln oder Cherubim und das Blut, welches auf bzw. an die Lade gesprengt wurde. Die Gestalten auf bzw. mit der Deckplatte sind also Cherubim und keine Engel. Denn, Engel (griech. Angelos) sind übersetzt Gesandte/Boten[583] während Cherubim (Mz.)[584] in ihrer Verschiedenartigkeit in Gottes Gegenwart sind und auch unter anderem als Zeugen fungieren. Und hier geben sie als Symbol Zeugnis über das Gold[585] auf der Lade und über das Blut, welches vergossen wurde ab. Und dieses Blut sprach von der Sühnung von Schuld[586]. Und diese Schuld war klar definiert durch die 10 Gebote, welche später im Buch Levitikus (3.Buch Mose) spezifiziert wurden. Was bedeutet, dass obwohl das Gesetz im Inneren ist, die Notwendigkeit einer Entsühnung durch Blut

---

[578] 4.Mose 17,17-25
[579] Am 8,11
[580] Jer 31,33
[581] 1.Joh 3,2 ; 2.Kor 5,20 ; 1.Thess 2,7 ; Röm 11,29 ; 2.Thess 1,11
[582] Röm 2,28-29 ; Eph 3,16 ; Röm 7,22
[583] 2.Mose 23,20 ; 1.Chr 21,15 ; Dan 10,5-12 ; Apg 12,11
[584] 2.Mose 25,22 ; 2.Sam 6,2 ; Hes 10,7.14.16.19
[585] 2.Mose 25,17 ; Ph 3,21 ;
[586] 3.Mose 17,11

besteht[587]. Und das Blut wird gesagt, beinhaltet das Leben. Es wird also gesagt, jemand anderes (hier in diesem Fall akzeptiert Gott ein Tier) muss sterben, damit der Mensch leben kann. Auch hier war es ein Bild, für das, was Jesus mit Seinem Blut später, machen sollte[588]. Sodass mit Seiner Handlung „Sein Blut ewig an der Lade" wäre[589]. So ist „die Lade" Zweck der Begegnung. Nach dem vorher Gesagten stellt sie einen Menschen dar[590], welcher die geistliche Nahrung[591] in sich trägt, dem die Ordnungen in sein Innerstes gelegt wurden[592] und dessen Berufung und Autorität aus seinem Inneren kommen, weil es seine Identität ist[593]. All das würde aber nichts helfen, wenn nicht das Blut wäre um in Gottes Heiliger Nähe erscheinen zu können[594]. Eine Sache kommt noch hinzu und zwar der Vorhang vor dem Allerheiligsten. Er besteht aus Purpur, Karmesinstoff und Byssus und ist mit gestickten Cherubim versehen[595]. Der Purpur spricht von Hoheit und Königlichem[596]. Von Karmesin als Farbe spricht man nicht

---

[587] Röm 6,23 ; Heb 9,22
[588] Heb 12,24 ; Heb 9,12.14
[589] Off 1,5 ; Off 5,6 ; Heb 13,20
[590] Von Schuld befreit und zu einem geheiligtem Leben fähig gemacht
[591] Die Himmelsspeise die direkt von Gott kommt
[592] Jemand der sich mit den Absichten Gottes identifiziert
[593] Dessen Existenz die Vielfältigkeit und Autorität wieder spiegelt
[594] Gott sieht uns als rein und geheiligt durch das Blut / Dadurch können wir in Gottes Gegenwart stehen ; Kol 3,3 ; Heb 10,10
[595] 2.Mose 26,31
[596] Est 8,15 ; Hld 3,10 ; Hes 23,6 ; Dan 5,7

umsonst von „rot wie Blut"⁵⁹⁷. Byssus ist eine Webart, welche besonders in Ägypten gefertigt wurde. Und daher spricht es von der Errettung (eben u.a. aus Ägypten, siehe Erklärungen zu Ägypten zuvor) und die Cherubim wieder als Symbol der Zeugen. Demzufolge ist der Vorhang ein Zeichen für: Was in dieser Zeit und an diesem Ort hinter dem Vorhang abspielt ist ein Akt der Hoheit, des Todes und Lebens durch Errettung und die Cherubim sind Zeugen dessen.

Als Fazit für das Reich Gottes gesehen **spricht das Allerheiligste von einem von Schuld und von der Welt errettetem Menschen, der Unverweslichkeit (also alles was bei Gott bestand hat) angezogen hat und erfüllt mit geistlicher Speise, Gottes Ordnungen und Identität in Gott ist**.

Von dem Innersten oder Allerheiligsten komme ich nun zum Inneren oder Heiligsten. Hier werden drei Dinge von Gott verankert: Der Leuchter, Der Schaubrottisch und der Räucheraltar[598]. Schauen wir uns also die Gegenstände in ihrer Reihe nach an.

Der Schaubrottisch:

Auf ihm lag das „Brot des Angesichts" (12 Brote)[599], Kannen und Schalen für den jeweiligen Ablauf eines

---

[597] Jes 1,18
[598] 2.Mose 25,23-36 + 2.Mose 30,1-7
[599] 3.Mose 24,2

Opfers. Der Tisch selber und auch die Tragestangen bestanden wieder aus Akazienholz welche mit Gold überzogen[600] wurde. Die Kannen und Schalen bestanden aus reinem Gold[601]. Und die Brote wurden Woche für Woche am Sabbath ausgewechselt[602]. Sie waren vom Feueropfer genommen[603]. Auf dem Tisch zu 2 Stapeln aufgetürmt befand sich in jeder Lage reiner Weihrauch[604]. Jesus erwähnt in einer Bibelstelle, dass es der Altar ist, welcher eine Gabe heiligt[605]. Und vielfach habe ich mir früher die Frage gestellt, was wohl der Schaubrottisch im Heiligsten (-Raum) zu suchen hat.
Aber Gott hat es so eingerichtet!
Und nun kann ich sagen, dass ich eine Ahnung von dem bekomme, was das Alles mit ihm zu tun hat. Zum Tisch selber kann gesagt werden, dass er genauso wie die Bundeslade aufgebaut ist. Und daher ist er in Seiner Symbolik gleich[606]. Zu seiner ganzen Bedeutung kommt er erst, wenn ich alle Teile, die in diesem Falle a u f dem Tisch liegen hinzuziehe. Die Anzahl der Brote steht unbestritten für jeden Stamm Israels[607], um es daher mal

---

[600] Siehe zu bereits erfolgten Erläuterungen
[601] 2.Mose 25,29
[602] 3.Mose 24,8
[603] 3.Mose 24,7
[604] 3.Mose 24,6-7
[605] Mt 23,19
[606] Siehe Holz und Gold der Bundeslade
[607] Hier auch bei dem Efod erwähnt - 2.Mose 39,14

ganz salopp auszusprechen – jeder Gläubige (denn nur diese würden vor Gott kommen). Weihrauch wird aus dem Inneren des Strauches, als ausfließendes und später gehärtetes Harz, gewonnen. Daher ist es in seiner Symbolik: aus dem Inneren herausfließend und bildet daher die Inneren Einstellungen als freiwillige Verbindung zu dem Mitgläubigen[608]. Das Feueropfer (Brandopfer) wurde als Ganzes verbrannt[609] und spricht daher von einer totalen Hingabe. Und diese wurde jeden Sabbath „erneuert". Also am Tag des Herrn (siehe Sabbath). Einen Tag der Begegnung mit Gott. Die Schalen und weiteren Gegenstände bestanden aus Gold. Ich erwähnte bereits, dass Gold für Unverweslichkeit und Herrlichkeit steht. Und daher hier, in diesem Zusammenhang, für die göttliche Art und Weise der Handhabung steht[610]. Denn darin oder eher gesagt mit den Trinkschalen wird eine Flüssigkeit f r e i w i l l i g ausgegossen. Ein sehr gutes Beispiel dessen bietet das Ereignis, wo David während eines Feldzuges Durst hatte und ein paar seiner Helden unter Lebensgefahr bzw. unter Einsatz ihres Lebens freiwillig ihm etwas zu trinken brachten und er es als Opfer Gott gab[611]. So steht als Fazit: **Der Schaubrottisch spricht**

---

[608] 3.Mose 19,18
[609] 3.Mose 8,21
[610] 1.Kor 2,13-14
[611] 2.Sam 23,16

von einer totalen, freiwilligen Hingabe eines jeden Gläubigen.

Kommen wir zum Leuchter[612]:
Er war ganz aus Gold. Er hatte 7 „Leuchter". Davon 6 Arme. Die 6 Arme besaßen jeweils 3 Knäufe, während in der Mitte 4 Knäufe waren. Als Brennmaterial durfte nur reines, aus zerstoßenen Oliven gewonnenes, Öl verwendet werden. Wenn es nur darum ginge den Raum zu erhellen, hätte Gott sicherlich auch andere Lampen machen lassen können, welche nicht so aufwendig wären. Da ER aber diese Form wählte, gibt es auch hier eine Symbolik. Es sei mir verziehen und eine Beachtung wert, wenn ich versuche ein neues Bild, von dem, was ich denke Gott mir gezeigt hat, aufzuzeigen. Die 7 Stränge stehen für die Vollkommenheit[613]. Dadurch, dass der mittlere Strang eine leichte Abweichung von den 6 Armen besitzt, haben wir hier ein Verhältnis 6 : 1. Dieses Verhältnis taucht bei der Erschaffung der Erde, sprich bei der Aufteilung der Tage auf[614]. Die Knäufe wie Mandelblüten tauchen noch einmal beim blühenden Aaronstab[615] und bei Jeremia auf[616]. Interessanterweise heißt der Leuchter auf Hebräisch auch „der Wache". Wenn ich jetzt also davon ausgehe, dass die

---

[612] 2.Mose 25,31-39 ; 2.Mose 27,20
[613] 1.Mose 2,2 ; Hiob 5,19 ; Ps 12,7 ; Lk17,4
[614] Siehe Vollkommenheit
[615] 4.Mose 17,23
[616] Jer 1,11

7 Stränge die Tage symbolisieren, dann symbolisieren die Knäufe die Tageszeiten Morgens, Mittags, Abends und Nachts. Wie kommt es denn, dass an den 6 Tagen nur 3 Knäufe und an dem 1 Tag 4 Knäufe sind? – Weil normal die Nacht bei Gott zum Schlafen eingerichtet ist. Und da der eine Tag der Tag des Herrn ist, ist es auch klar – Gott schläft nicht[617]. Warum aber nun für jede Tageszeit die Mandelblüte? – Sie bedeutet „gleich von Beginn an". Also zum frühesten möglichen Zeitpunkt der Tageszeit beginnend, bis zum Abend, zur Beendigung des Tages[618]. Und was hat es mit dem Öl dem Brennstoff auf sich? – Es geht um das reine Öl aus zerstoßenen Oliven. Viele meinen, dass das Öl für den heiligen Geist steht[619]. Ich möchte hier die Aufmerksamkeit auf etwas Anderem legen. Da der Heilige Geist nicht zerstoßen wird, muss die Bedeutung woanders liegen. Wenn ich fragen würde: Wofür steht denn Licht? – Würde mir so mancher sagen: für Offenbarung bzw. Erkenntnis. Hier setzte ich nun an und frage: Und wodurch bekomme ich unter anderem diese Erkenntnis und Offenbarung? – Dann würde ich die Antwort, „durch das Wort", bekommen. Ein Wort aus den Psalmen macht dies noch einmal ganz deutlich. „Dein Wort Herr, ist meines Fußes Leuchte und ein Licht auf meinem

---

[617] Ps 121,4
[618] Jer 1,12
[619] Da vom Heiligen Geist Erkenntnis und Offenbarung kommt (Joh 16,13)

Weg"[620]. Als Fazit kann ich also resümieren: **Der Leuchter steht für die Offenbarung und Erkenntnis durch das Wort, zu jeder Tageszeit, an jedem Tag.**

Der dritte Gegenstand im heiligstem Raum, ist der Räucheraltar[621]. Auf ihm wurden keine Opfer verbrannt sondern nur Räucherwerk und dies in einer bestimmten Zusammensetzung. Hat Gott es mit dem Altar und dem Räucherwerk so arrangiert, weil es so schön riecht?[622] – Ich bin der festen Überzeugung, in erster Linie nicht. Schauen wir uns auch hier die einzelnen Teile an. Erneut sehe ich wieder das Akazienholz, welches ebenfalls mit Gold überzogen wird[623]. Und wir haben das Räucherwerk, welches aus verschiedenen Pflanzen zusammengesetzt ist[624]. Und nicht nur das, sondern auch von den verschiedensten Teilen der Pflanze. Gehen wir erst einmal zu den unumstrittenen und offensichtlichen Pflanzen. Diese sind, Galbanum und Weihrauch. Bei Galbanum nahm man das Harz aus der angeschnittenen Wurzel. Während man beim Weihrauch den Stamm anschnitt und einen bestimmten Teil des dann herausfließenden Harzes nahm. Die anderen beiden Teile sind nicht so offensichtlich

---

[620] Ps 119,105 ; und zerstoßen bedeutet demensprechend bis in seine kleinsten Teile zerkleinert (Mt 4,4)
[621] 2.Mose 30,1-6
[622] Auch wenn es als wohlriechendes Räucherwerk bezeichnet wird ; 2.Mose 30,7
[623] Siehe Lade des Zeugnisses
[624] 2.Mose 30,34

und machen etwas mehr Mühe zu erkennen. Nämlich Stakte und Räucherklaue. Ich werde mich nicht in irgendwelche Lehrmeinungen hinein begeben ob es nun so oder so gemeint ist. Es geht mir aufzuzeigen, dass wenn die Dinge mit einfachen Mitteln angeschaut werden, dann bekommen alle Teile ein großes zusammenhängendes Bild. Es wird hier in der Bibelstelle wörtlich von Tropfenharz gesprochen und dies wurde zum Anlass genommen es als Stakte (Tropfen des Storaxbaumes) hinzustellen. Und bei dem Wort Räucherklaue, welches man für das hebräische Wort schechelet verwendet hat, ist man von dem Deckel ähnlich klingender Schnecke ausgegangen. Weil es so in die lateinisch Übersetzung Vulgata übersetzt wurde. Eine genaue Übersetzung vom hebräischen schechelet ist jedoch bis heute nicht bekannt.

Ich gehe für meinen Teil davon aus, dass hier nicht zwei Harze in Tropfenform gemeint sind sondern: alle folgenden Harze hatten in gewisser Weise eine Tropfenform. Sodass ich bis hierher nur von 3-mal Harz spreche. Nun ist es in keinster Weise verständlich warum Gott eine Anweisung gibt Harze vermischt mit dem Deckel einer Schnecke (also eines Tieres und dazu noch unreinen Tieres[625]) zu verbrennen. Das macht keinen Sinn. Hingegen, wenn ich, wie ich zuvor erwähnte davon ausgehe, dass alles in Tropfenform sein soll; spricht dies für eine weitere Art von

---

[625] 3.Mose 11,43

Harz. Hier möchte ich zwei weitere Worte, die dem hebräischen schechelet ähnlich sind, mit anführen. Diese sind das ägyptische Sakal, welches wohl eine Art Übersetzung des Wortes sein soll. Sowie das hebräische Wort schechelit, welches sich wohl auf den Bernstein bezieht (interessanter Weise ist Bernstein auch Baumharz)[626]. Auch wenn hier der Name von Myrrhe nicht auftaucht, so hat Myrrhe doch in getrocknetem älterem Zustand genau dieselbe Farbe wie Bernstein[627]. Wenn ich aus diesem Grund also Myrrhe in einer bestimmten Form nehme, macht dies mehr als nur Sinn. Zumal die kostbarste Myrrhe die ist, welche von selber ausgeflossen ist. Wir haben also von selbst ausgeflossene Myrrhe, Galbanum aus der Wurzel und Weihrauch vom Stamm[628]. Jetzt gibt es manche, die sagen würden: „Ja, jetzt hast du aufgeschlüsselt was es ist, lass uns weitergehen". Aber hier möchte ich ein großes Bild vor Augen zeichnen. Wo taucht dieses Räucherwerk wieder auf? –
Bei der Geburt Jesu[629].
Weiter wird uns in Offenbarung Kapitel 5 gesagt, dass die

---

[626] Ludwig Georgii: Alte Geographie beleuchtet durch Geschichte, Sitten, Sagen der Völker Band 2 S.154 von 1840
[627] In einschlägigen Lexika nachzulesen
[628] // D.Romanus Teller: Die heilige Schrift des alten und neuen Testamentes S.814ff v. 1749 // Georg Eberhard Rumpf: Amboinische Raritäten-Cammer oder Abhandlung von den steinschaalichten Thieren S.52 von 1766
[629] Mt 2,11

Ältesten Schalen voller Räucherwerk hatten und dass es die Gebete der Heiligen waren[630]. In Offenbarung Kapitel 8 wird dies nochmals erwähnt[631]. Das Räucherwerk hat also die Bedeutung von Gebeten. Und da es 3 unterschiedliche Harze sind, gehe ich von 3 unterschiedlichen Arten von Gebet aus.

Ich hatte schon zuvor über den Weihrauch gesprochen, dass es um eine Einheit geht[632] und die Selbsthingabe dessen. Aber Weihrauch spricht auch von Anbetung (z.B. in dem sprichwörtlichen „Beweihräucherung")[633]. Die Myrrhe spricht von Hingabe. Eine Hingabe bis in den Tod. Und diese ist umso kostbarer, da sie freiwillig geschieht[634]. Und Galbanum? – Es spricht von Dingen aus dem tiefsten Inneren des Herzens (von der Wurzel an). Dort sind auch das innerste Verlangen und das spricht von Bitte und Fürbitte[635]. Also kann ich ein vorläufiges Fazit ziehen: ***Der Räucheraltar symbolisiert den Gläubigen dessen Gebete der Hingabe, Bitte und Fürbitte sowie der Anbetung in Rauch aufgehen und aufsteigen. Zerbrechlich und dennoch kraftvoll und ein Wohlgeruch***. Und diese Gebete sind am Anfang und am

---

[630] Off 5,8
[631] Off 8,3-4
[632] Siehe Schaubrottisch
[633] 3.Mose 2,2 ; Jes 60,6 ; Jer 17,26 ; Mt 2,11
[634] Spr 7,17 ; Hld 5,5 ; Mk 15,23
[635] 1.Kön 3,26 ; Jes 26,9 ; Mt 6,6 ; Ph 1,4

Ende des Tages auszuführen[636]. Und es bedarf einer regelmäßigen Reinigung[637]. Meine Zusammenfassung für den Bereich des Heiligsten lautet dementsprechend wie folgt: **Während das Allerheiligste von der Identität des Gläubigen spricht,** *spricht das Heiligste vom Ausdruck der Beziehung zu Gott, durch das Wort, das Gebet und die Hingabe.*

Kommen wir nun zu den Zeltdecken oder auch Planen mit dem die „Stiftshütte" bedeckt ist[638].

Mir ist bewusst, dass es hier die unterschiedlichsten Auffassungen, Meinungen und Theorien gibt. Vielfach sind die Ansichten jedoch aus dem Kontext des Ganzen gerissen. Und auch ich war zeitweilig auf der Schiene des scheinbar Offensichtlichen, Dinge zu interpretieren. Und es soll nicht so aussehen, dass ich nun ein Konstrukt aufbaue nur damit es passt. Aber bei dem Ganzen gibt es eigentlich 3 Dinge, welche Fragen für sich aufwerfen. Diese sind der violette Purpur, das Byssus und die Tahaschhäute. Schauen wir uns diese einmal genauer an, bevor wir zu den anderen Decken und der allgemeinen Erklärung kommen. Wie auch schon zuvor erwähnt ist ein Farbstoff durch Muscheln oder dergleichen an Schalentieren in der Wüste bzw. wüstenähnlichen Gebieten unwahrscheinlich,

---

[636] 2.Mose 30,7-8
[637] 2.Mose 30,10
[638] 2.Mose 26,1.7.14

zumal es unreine Tiere sind. Eine Zusammensetzung von Flora und Gesteinen ist glaubwürdiger. Nach diesem Vorspann kommen wir also zu dem angeblich violettem Purpur. Im Grundtext steht hier das Wort tekelet. Bei diesem Wort gibt es die unterschiedlichsten Ansichten. Was aber gesagt werden kann, es scheint eine dunklere Farbe zu sein, welche wohl Blau ist (möglicherweise die Pflanze Färberwaid, denkbar wären auch Mineralien). Diese hat durch ihre Zusammensetzung bei Aufhellung eine Neigung ins violette zu gehen. Daher gehe ich davon aus, dass hier die Farbe Blau gemeint ist. Dies betrifft, da es dasselbe Wort ist auch die Schleifen. Bezüglich des Byssus verhält es sich so: In unserer Zeit bis ins späte Mittelalter ist man auch hier von einer Art Muschelschnecke ausgegangen welche wohl Fäden absondert. Diese konnten wohl weiter bearbeitet werden. Bis zum Zeitpunkt der Antike jedoch verstanden die Menschen darunter ein mit ganz dünnen Fäden gewebter Stoff aus Leinen. Und diese Art zu weben war bei den Ägyptern gegenüber anderen Ländern weit entwickelt. So dass ich ruhig von einem ägyptischen Produkt sprechen kann. Und erneut sei darauf hingewiesen, dass Gott keine unreinen Tiere für Sein Heiligtum verwenden würde. Kommen wir zu dem dritten Teil, welcher Fragen aufwirft: den Tahasch – Häuten. Leider kann bis heute nicht zweifelsfrei gesagt werden, um welches Tier es sich handelt, da die Beschreibungen keinen sicheren Schluss zulassen und auch keine erklärenden Stellen sowohl in der Bibel wie auch in anderen antiken Schriftquellen vorhanden sind. Was jedoch mit großer Wahrscheinlichkeit gesagt werden kann ist, dass dieses Tier am oder im Wasser lebt. Ich fasse daher die Zeltdecken wie folgt zusammen:

1. Byssus
2. Blau
3. „Purpur" Rot
4. Ziegenhaar
5. Rotgefärbtes Widderfell
6. Tahasch-Häute

Wenn es hier aufgegriffen werden darf dann, ist die einhellige Meinung, dass die Zahl 6 als Symbol für den Menschen steht[639]. Nach dem vorher Gesagten ergibt sich in ihrer Symbolik folgender Sinn:

1. Spricht von der antigöttlichen Herrschaft in der Himmelswelt in Ägypten[640]
2. Spricht von der menschlichen Herrschaft in Ägypten[641]

---

[639] Am 6. Tag wurde der Mensch geschaffen
[640] 5.Mose 4,34 ; Ps 81,6 ; Hes 30,13
[641] Ps 135,9 ; Jer 46,25 ; Hes 29,3

3. Spricht von dem Blut was vergossen wurde in Ägypten (letzte der 10 Plagen) – (Blut an den Türpfosten)[642]
4. Spricht von dem Sündopfer (Ziege) welches frei setzt[643]
5. Spricht von dem Opfer – der Einsetzung also in den ursprünglich von Gott gegebenen Plan und Zustand[644]
6. Spricht von dem das Alte hinter sich zu lassen um im Neuen zu leben (Durchzug rotes Meer)[645]

Die Blaue Schleifen (nicht aus Byssus) bedeuten – In allem wirkt Gott mit SEINER Himmelswelt[646]. Wenn jetzt aus den Zeltdecken in ihrer Symbolik ein Resümee gezogen werden kann dann, dieses:

Hier wird ein Mensch beschrieben, welcher durch das Opfer nicht nur frei von Schuld gemacht, sondern auch in den ursprünglich von Gott geplanten Zustand gebracht wird und welcher das Alte hinter sich lässt, um in dem Neuen zu leben.

Kommen wir zum Vorhof der Stiftshütte. Hier steht der Brandopferaltar und das Waschbecken. Der Vorhof ist umfasst mit Byssusstoff und beim Tor/Eingang ist der

---

[642] 2.Mose 12,5-7.12-13
[643] 3.Mose 4,28
[644] 1.Mose 22,13 ; 2.Mose 29,19
[645] Jes 51,10 ; 1.Kor 10,1-4
[646] 2.Mose 24,10 ; Hes 1,26

Vorhang erneut in blauen, purpurrotem und karmesinrotem Byssusstoff.

Kommen wir zum Brandopferaltar. Auch er besteht im Kern erneut aus Akazienholz. Jedoch wird dieser, in diesem Fall einmal, mit Kupfer überzogen. Auf ihm werden die Opfer, egal welcher Art, verbrannt. Bezüglich des Holzes verweise ich auf meine zuvor gemachten Ausführungen vom Heiligsten und Allerheiligsten. Das Kupfer ist ein Metall welches weich ist und gut bearbeitet werden kann, zudem hält es großer Hitze stand. Kupfer spricht in der Symbolik vom Wort des Menschen[647]. *Also kann ich für den Brandopferaltar umgangssprachlich sagen, dass durch mein Wort Opfer gebracht werden*. Dies erwähnt übrigens auch David wenn er sagt: „Herr tue meine Lippen auf, dass mein Mund Dein Lob verkünde. Denn, Du hast keine Lust am Schlachtopfer sonst gäbe ich es, Brandopfer gefällt Dir nicht"[648].

Das nächste Teil steht zwischen dem Heiligsten und dem Brandopferaltar. Es ist das Waschbecken. Es besteht aus (Bronze) Kupfer und zwar aus den ehemaligen Spiegeln der Frauen. Auf dem Weg zur Stiftshütte hatten sich der Priester die Hände und Füße zu reinigen.
Was bedeutet das?

---

[647] Hiob 41,19 (Holz-Vergänglichkeit) ; Hes 22,18 ; 1.Kor 13,1
[648] Ps 51,18

Wie ich bereits sagte steht das Kupfer für das menschliche Wort. Die Hände welche gereinigt werden stehen für die Taten des Menschen und die Füße stehen für die Plätze/Orte etc. wo ich mich aufhalte bzw. hingehe. Jesus gibt dazu eine Erklärung an einer Stelle beim Abendmahl. „Wenn ich dich nicht wasche, hast du kein Teil mit mir"[649]. Gerade die Tatsache, dass das Waschbecken aus Spiegeln gemacht wurde gibt doch schon einen Hinweis, wer hier vorbei kommt sieht den Schmutz, der abgewaschen werden muss. *Das Waschbecken steht daher also für meine Reinigung von meinen Taten, und meinen Umgang (wo ich mich aufhalte)*[650]. Nicht umsonst wird dies im Neuen Testament in der Taufe erwähnt und zudem noch auf Noah hingewiesen[651]. Die Vorhänge drumherum sind aus Byssus, welches von Ägypten spricht. Außer der Eingang. Er macht bewusst, dass hier ein Akt der Abkehr von dem Alten mich gefangen nehmenden Leben stattfindet. (siehe Vorhang des Heiligsten). Natürlich hätte ich die Pfosten und Haken und das ganze Zubehör auch mit hineinnehmen können und erklären. Ich denke aber, dass die zentralen Dinge schon genügend Aussage für sich haben. Wenn ich also ein Gesamtresümee der Stiftshütte ziehen würde, klänge es

---

[649] Joh 13,8
[650] Heb 6,2 Waschungen Mz.(wörtl. Taufen) ; 2.Kön 5,26 ; Ps 32,8 ; Spr 1,14-16 ; 2.Sam 22,21 ; Esra 4,4 ; Hiob 17,9
[651] Heb 11,7 ; 2.Pe 2,5

wie folgt: **Die Aussage der Stiftshütte ist unter anderem wie folgt – Es betrifft einen Menschen, welcher eine Entscheidung trifft, sich von seinem alten Leben ab- und hin zu Gott zukehren. Er beginnt Gott die Ehre zu geben und lässt seinen Verstand, Handlungen und Aufenthaltsorte reinigen. Als nächsten Schritt gibt er sich vollkommen hin. Und bekommt Offenbarung und Erkenntnis durch das Wort. Er festigt seine Beziehung durch die verschiedenen Arten des Gebetes. Der letzte Schritt bringt ihn zur eigentlichen Identität, die Gott für ihn vorgesehen hat.**

Auch wenn das Buch Levitikus/3. Buch Mose (hebräisch Wajikra – Und er rief) seine Berechtigung hätte, dass darüber gesprochen wird, in unserem Fortgang würde es den Rahmen sprengen. Dennoch seien einige Anmerkungen angebracht.

Viele sehen in den Vorschriften, Geboten und Gesetzen nur eine Grundlage für bestimmte Opferzeremonien oder wie sich die Priester zu verhalten haben oder wie man sich allgemein in bestimmten Lebenslagen zu verhalten habe. Und dies ist in Bezug auf die Israeliten auch so. Denn Gott geht mit Seinem Volk einen Schritt weiter. Wir haben nun also eine Abfolge:

Von einem einzelnen Gläubigen, zur Familie, zu einem Stamm, zu einem Volk, zu einem Volk mit einer Gesetzgebung und Verhaltenscodex. Dennoch ist es nicht allein das sondern, wenn ich mir bewusst mache und darüber nachdenke wofür Gott jeden einzelnen Bereich hat aufschreiben lassen dann, wird mir klar, dass es um einen geheiligten Lebenswandel, sowohl in Gedanken-, Herzens- und Geisteinstellung, wie auch in meinem Ausdruck durch Sprache, Handlung und Sein, geht[652]. Und dies betrifft nicht nur meine vorläufige Beziehung zu Gott[653](siehe hebr. Titel des 3. Buch Mose). Ist es möglich, dass ich alles aus eigener Kraft und Möglichkeit einhalten kann? – Auf keinen Fall. Ich bin auf Gott angewiesen, dass ER mir hilft[654]. Und das bedeutet auch, die Dinge so zu tun, wie ER es vorgegeben hat (ohne Abstriche)[655].

Und das bringt mich zur nächsten Begebenheit[656]. Die Söhne Aarons brachten das Räucherwerk mit „fremdem" Feuer zusammen und kamen so vor Gott. Hierbei stellt sich die Frage: gibt es etwa Unterschiede bei Feuer? – Bei Gott anscheinen ja. Aber was macht oder ist der Unterschied? – Das Feuer sollte vom Altar, dem

---

[652] Lk 10,27 ; 5.Mose 6,4-6
[653] Also bezogen auf mein irdisches Dasein
[654] 2.Kor 12,9 ; 2.Kor 4,7
[655] 1.Kor 12,3 ; Kol 2,6 ; Röm 8,26
[656] 3.Mose 10,1-3

Brandopfer/Räucheraltar (3.Mose 16), kommen. Gott hatte das Feuer gegeben, es war also geheiligt und musste stets am Brennen gehalten werden[657]. Zudem sprach dieses Feuer von Opfer[658]. Das heißt, es hat etwas gekostet[659]. Und das steht im krassen Gegensatz zu einem Feuer, was ich mal so eben anmache. Also sagt bzw. zeigt Gott mit dieser Reaktion, dass IHM nicht an einer Haltung des „das mache ich mal eben" gelegen ist[660]. Außerdem kommt hinzu, dass wie ich bereits zuvor ausgeführt hatte das Räucherwerk ein Bildnis für die Gebete des Gläubigen ist. Für das Reich Gottes kann ich also sagen:

Gott lehnt die Gebete von den Menschen, die nicht bereit sind einen Preis zu zahlen, ab[661]. Wie heißt der Preis? – ***Hingabe!***

Jedoch, beschränkt sich dies auf meine /unsere Erdenzeit? – Wer weiß es. Denn selbst wenn ich in den Zustand der Vollkommenheit hineinversetzt sein werde, dann bleibt es immer noch meine/ unsere Vollkommenheit. Eine Vollkommenheit, welche Gott sich für den Menschen als Individuum ausgedacht hat. Das wird aber nicht zwangsläufig bedeuten, dass ich nicht in der einen oder anderen Sache meinen Mitbruder oder –schwester

---

[657] 3.Mose 6,6 ; 3.Mose 9,24 ; 5.Mose 4,24
[658] 1.Mose 22,8.13 ; 2.Mose 29,25 ; Jes 53,7 ; 1.Tim 2,5-6
[659] 1.Chr 21,24 ; Mt 16,26
[660] Heilig zu sein, heißt heilig zu handeln 2.Mose 28,38.41 ; 3.Mose 19,2 ; 1.Mose 15,40 ; 1.Joh 2,6
[661] 1.Pe 3,7 ; Jes 58 ; 2.Tim 2,5 ; 2.Kor 5,15

benötigen werde[662]. Nur wird der Umgang miteinander ein ganz anderer sein.

Im 3.Buch Mose 26 (und auch später noch einmal im 5.Buch Mose) wird der Segen und Fluch erwähnt, welcher auf Israel kommen wird wenn bestimmte Voraussetzungen erfüllt sind. Macht Gott das aus einer boshaften Haltung? – Oder sagt ER das, damit sich die Leute noch weiter unter Druck fühlen? – Mit Bestimmtheit nicht!
Wofür sagt ER es dann?
Wenn ich dabei wäre ein Staatsgebilde aufzubauen, würde ich nicht nur ein Volk und Gesetze benötigen. Ich muss auch den Menschen erklären, welche Vor- oder Nachteile es mit sich bringt die Gesetze ein- bzw. eben nicht einzuhalten[663]. Warum kann Gott dies so vehement einsetzen? – Nun, die Familie, welche zu einem Volk geworden ist, hat sich Gott zu seinen Herrn und „König" festgesetzt[664]. Und in dem Er Sein Volk aus der Knechtschaft hinausgeführt hat, hat er Sie förmlich erkauft. Wie erkauft? – Unter Einsatz von Leben[665]. Daher ist das Volk Gottes bis zu diesem Zeitpunkt in dreierlei Hinsicht sein Volk.

---

[662] Wenn selbst Engel die Hilfe untereinander benötigen, Dan 10,13 ; Sach2,7-8
[663] Ps 119,1.92 ; Ps 33,4
[664] Jos 24,22
[665] 1.Kor 6,20 ; 1.Kor 7,23 ; 2.Mose 11,2-7

1. Aufgrund der Aussage des Glaubens [666]
2. Aufgrund der Befreiung aus Tod und Sklaverei [667]
3. Aufgrund des Dienstes für Gott an den Völkern [668]

Nicht allein dies Alles zählt. Zudem kann Gott in Seinem Reich entscheiden wie ER es will [669]. Und da geht es nicht darum, dass ER nur aus einer Laune heraus [670] diktatorisch handelt. Sondern Seine Auflagen sind sehr gut [671]. Und wenn Sie von mir einmal bis zum Schluss überdacht werden, sind Sie erkennbar nützlich und hilfreich [672]. Segen und Fluch sind jedoch nur eine vorläufige Sache des Reiches Gottes hier auf Erden. Warum? – Weil es darum geht eine Entscheidung zu meinen irdischen Lebzeiten zu fällen [673]. Es geht um die grundsätzliche Entscheidung nicht nur Gottes Herrschaft zu akzeptieren, sondern mein ganzes Leben jetzt und auch wenn die irdische Hülle abgelegt ist, danach auszurichten [674]. Wenn meine Erdenzeit also abgelaufen ist und mein Leben dem entsprochen hat, was sich Gott vorstellt, dann werde ich in

---

[666] 5.Mose 5,27 ; 5.Mose 26,16-19
[667] 2.Mose 20,2 ; Jes 43,3
[668] 2.Mose 19,6 ; 1.Mose 22,18
[669] 1.Kor 12,11 ; Ps 22,29 ; Ps 33,4 ; Jes 55,8 ; Jes 43,13 ; Hiob 36,22
[670] Hiob 34,12
[671] Ps 119,39.68
[672] Ps 119,112 ; 2.Tim 3,16 ; 5.Mose 32,29 ; Ps 27,4-5 ; Ps 103,17-18
[673] Heb 3,13 ; Ps 88,11 ; 2.Kor 8,14 ; 2.Kor 6,2 ; Jak 4,13-17
[674] Ps 45,7 ; Ps 103,19 ; 1.Joh 3,2 ; Off 11,17 ; 1.Kön 18,21 ; Mal 1,6 ; Mt 7,21 ; 1.Kor 3,5 ; 1.Kor 4,5 ; 2.Tim 2,19

dem Reich leben[675], was jetzt noch „unsichtbar" ist[676]. Und dort ist nur Segen[677].

Wenn ich durch das Wort Gottes weitergehe komme ich zu einer Begebenheit, welche sowohl einen praktischen aber auch einen geistlichen, sowie letztendlich auch einen für das Reich Gottes relevanten Nutzen hat[678]. In dem Buch Numeri(4.Buch Mose) fordert Gott silberne Trompeten zu machen und erklärt auch zu welchen Angelegenheiten und wie geblasen werden soll. Warum silberne Trompeten? Wenn wir einmal unsere heutigen Blechblasinstrumente anschauen, dann bestehen sie aus allem anderen als Silber. Also warum Silber ? – Wenn ich mich mit der göttlichen Symbolik befasse, dann weiß ich, dass Silber für Erlösung und Erkenntnis steht[679]. Deshalb schauen wir uns die Anlässe des in-die-Trompete-Blasens an. Ich stelle fest, es sind: Versammlungen für Alle zum Zelt zu kommen[680], Versammlung der Fürsten (Leiter)[681], zum Aufbruch für Alle[682], zur Zeit der Kampfeshandlungen[683], an

---

[675] Kol 3,4
[676] Röm 1,20 ; 2.Kor 4,18 ; Kol 1,16
[677] Off 21,3-7.23-25 +Off 22,1-5
[678] 4.Mose 10,1-10
[679] 1.Mose 20,16 ; 2.Mose 20,23 ; 4.Mose 18,16 ; Ps 12,7 ; Ps 66,10 ; Spr 2,2-4
[680] 4.Mose 10,3
[681] 4.Mose 10,4
[682] 4.Mose 10,5-7

Festtagen und Brand- und Heilsopfer[684]. Im Neuen Testament erwähnt Paulus eine wichtige Sache in diesem Zusammenhang. Er zeigt auf, dass wenn ein unklarer Ton gespielt wird niemand weiß, wie er sich verhalten soll[685]. Das ist nur allzu verständlich. Wenn ich jetzt alle Einzelheiten bzgl. der Trompeten zusammen bringe, dann geht es darum Erlösung, Weisheit und Erkenntnis auszurufen – zu dem richtigen Zeitpunkt zu handeln bzw. sich aufzumachen. Und diese Zeitpunkte Gottes wird es immer wieder in der sichtbaren wie unsichtbaren Welt geben[686]. Auch betrifft es nicht nur die Gemeinschaft aller an Gott glaubenden oder einzelne Gemeinden oder Versammlungen sondern es betrifft auch jeden einzelnen ganz individuell[687]. Und da es stets eine kontinuierliche Sache war, kann ich das heutzutage häufig benutzte Wort des Kairos – Momentes nicht dazu verwenden. Denn, dieses wird zumeist in dem Zusammenhang eines besonders außergewöhnlichen Augenblickes verwendet. Ich kann selbst hier ein Fazit für das Reich Gottes ziehen: ***Es gilt den Ton zu erkennen, welchen Gott blasen lässt, damit ich die richtigen Schritte mache, welche notwendig sind.***

---

[683] 4.Mose 10,9
[684] 4.Mose 10,10
[685] 1.Kor 14,7-8
[686] Ps 103,20 ; Hld 2,10 ; Joel 2,15
[687] Jes 60,1 ; Esra 10,4 ; Eph 5,14

Die nächste Begebenheit, welche ich mir anschauen will, ist die Erwählung der 70 Ältesten in 4.Mose 11. Es ging darum, dass die Last das Volk zu führen auf mehrere Schultern verteilt werden sollte. So wie es aussieht wurden bestimmte Personen benannt[688]. Und Gott nahm von dem Geist der in Mose war und legte ihn auf diese Menschen[689]. Hatte Mose dadurch weniger? – Keineswegs, sondern es wurde die Art und Weise mit Gott umzugehen und in derselben Weisheit zu gehen in deren Herz gelegt. Und ich sehe, dass dies unabhängig von dem jeweiligen Ort wo sie sich befanden stattfand[690]. Als von Josua darauf hingewiesen wurde, dass nicht alles so ordnungsgemäß abgelaufen ist[691], macht Mose eine bemerkenswerte Aussage. Diese erinnert uns wieder erneut an Gottes ursprüngliche Absicht. „Möge doch das ganze Volk prophetisch reden"[692]. Denn, dies ist geschehen, nachdem Gott den Geist auf die Siebzig gelegt hatte[693]. Um noch eine kleine Fußnote hinzuzufügen. Das Wort prophetisch hier heißt nabu, was soviel wie hervorbrechend/ -quellen/ -sprudeln bedeutet. Man könnte

---

[688] 4.Mose 11,16
[689] 4.Mose 11,17
[690] 4.Mose 11,26
[691] 4.Mose 11,28
[692] 4.Mose 11,29
[693] 4.Mose 11,25

meinen, dass die Namen der zwei Personen welche sich nicht bei den anderen befanden, konstruiert sind, aber Namen sind bei Gott eben kein Schall und Rauch. Sondern dessen Träger ist mit seinem Namen als Charaktereigenschaft verbunden. Und die Namen bei den Beiden lauten: „den Gott liebt" und „Liebling". Das ausgerechnet diese Menschen benannt werden und hier explizit erwähnt werden hat seine Bedeutung. Und für das Reich Gottes scheint es mir ganz wichtig. Gott möchte SEINEN Geist auf SEIN Volk legen[694], welches SEINE Lieblinge sind[695], legen damit sie SEINE Weisheit und Wahrheit hervorsprudeln; also natürlich (wie eine Quelle) offenbar machen[696]. Ein Aspekt kommt noch hinzu: Es sind 70 Älteste und die Zahl 70 steht für ein Leben (menschliches Leben[697]). Daher ist es hier symbolisch Gottes Absicht, dass dieses Hervorsprudeln ein ganzes Leben lang anhalten soll. Und selbst wenn das irdische Leben aufhört, bleibt die göttliche Weisheit doch innewohnend[698].

---

[694] Hiob 32,8 ; Hiob 33,4 ; Spr 1,23 ; Jes 32,15 ; Jes 44,3 ; Hes 39,29 ; Joh 3,5-6 ; Apg 1,8 ; Röm 8,9
[695] 5.Mose 4,37 ; 5.Mose 7,8 ; 5.Mose 33,3 ; Joh 3,16 ; Joh 16,27 ; Röm 1,7
[696] Ps 22,31 ; 5.Mose 26,19 ; 1.Mose 22,18 ; 1.Chr 16,24 ; Jes 18,7 ; Eph 2,11-13 ; Eph 3,6.8-12
[697] Ps 90,10 ; 2.Chr 36,21 ; Jes 23,15
[698] Ps 111,10 ; Spr 1,7 ; Spr 3,19 ; Spr 4,7

Mein Fazit für das Reich Gottes ist: *Es besteht aus Menschen, welche angefüllt mit Gottes Geist SEINE Weisheit und Wahrheit hervorsprudeln lassen.*

Nun komme ich zu einem Abschnitt, der einerseits unrühmlich und unglücklich und andererseits als Meilenstein der Geschichte des Volkes Gottes bezeichnet werden kann. Es ist die Aussendung der Kundschafter als das Volk Israel vor dem verheißenen Land steht[699]. Ich mache gleich zu Anfang darauf aufmerksam, dass die folgenden Dinge nicht leicht zu verstehen sind und es eine Zeit des Überdenkens benötigt. Dennoch bin ich fest davon überzeugt, dass jeder Leser, mit Gottes Hilfe, die Aussagen erfassen wird. Ich erlebe, wie die 12 Kundschafter (für jeden Stamm einer) ausgesandt werden. Und ich erlebe, welche Dinge sie erfahren und gesehen haben[700]. Jedoch geht ihre Interpretation des Erfahrenen in unterschiedlichen Richtungen[701]. Und das hat gravierende Folgen. Das Verhältnis steht 2/10 in negativer Auswertung. Zehn Kundschafter erklären, warum es unmöglich erscheint das Land einzunehmen. Und es wird gleich offensichtlich, hier wird aus einer menschlichen, zwar verständlichen Art und Weise, aber ungeachtet göttlicher

---

[699] 4.Mose 13,1-14,45
[700] 4.Mose 13,26-29
[701] 4.Mose 13,30+14,6-9 ; 4.Mose 13,31-33

Hilfe, argumentiert[702]. Und das bei einem Volk, welches Gottes Handeln in einem kurzen Zeitraum Zuhauf erlebt hat. Nur zwei stemmen sich gegen die allgemein vorherrschende Meinung. Und warum ? –
Weil ein anderer Geist in ihnen war[703]. Das heißt sie sind nicht aufgrund von Argumenten zu anderen Schlüssen gekommen sondern, sie haben sich mit anderen Gedanken im Verstand und Herz gefüllt und haben Gottes Geist in sich Raum gegeben[704]. Sie waren neben (unausgesprochen) der Leiterschaft die Einzigen, welche Gott geglaubt hatten[705]. Leider hatte die Entscheidung des Volkes, aufgrund der Aussagen der 10 Kundschafter, schlimme Folgen. Gott kann mit Menschen, welche IHM nicht vertrauen nichts erreichen[706]. (Wir erleben dies auch bei Jesus). Daher bestimmt Gott, dass in einer „Ehrenrunde" all die Älteren, welche ihren Glauben nicht auf Gott gesetzt hatten, innerhalb der darauffolgenden 40 Jahre (sprich mehr oder weniger eine Generation) in der Wüste umkommen sollten. Außer Josua und Kaleb sollen die derzeitigen „Kinder" in das verheißene Land kommen. Und nun, statt auf diese Ankündigung Gottes hin sich mit dem Gesagten auseinander zu setzen und zu akzeptieren,

---

[702] Gal 6,8 ; Sach 4,6 ; 5.Mose 8,18 ; 1.Sam 2,9
[703] 4.Mose 14,24
[704] Jos 14,7-8
[705] 4.Mose 13,30
[706] Mk 6,5-6

beginnen sie jetzt in entgegengesetzter Richtung zu handeln[707]. Und das wieder aus menschlichen Gesichtspunkten heraus. Nach dem Prinzip – lieber doch versuchen in das Land hineinkommen, als in der Wüste versauern und umkommen. Auch Paulus kennt dieses Problem und schleudert den Galatern (im übertragenen Sinne) entgegen: „Wollt ihr etwa das, was geistlich und gut angefangen ist, nun mit menschlicher Kraft und Verstand beenden?"[708]

Und so musste es kommen, dass eine Niederlage eingefahren wurde. Wenn Gott eben nicht dabei ist, ist eine Niederlage vorprogrammiert[709]. Also wurden diese 40 Jahre in der „Wüste" verbracht und es geschah, wie Gott es gesagt hatte. Das Interessante ist, Josua und Kaleb wurden zu Säulen der Stärkung und des Aufbaus des Volkes[710]. Und sie standen nicht nur nach den 40 Jahren mit derselben Einstellung vor dem verheißenen Land, wie sie als Kundschafter waren. Nein, sie standen sogar auch noch in derselben Kraft wie damals[711]. Dies bringt mich zu folgender Aussage für das Reich Gottes: ***Wenn ich mich mit Gottes Absichten identifiziere und übereinstimme, dann werden die Absichten Gottes in meinem Leben***

---

[707] 4.Mose 14,39-40
[708] Gal 3,3
[709] 4.Mose 14,43-45 ; Ps 127,1
[710] Denn Sie sind die einzigen welche als Erwachsenen von den Gemusterten übrig blieben, 4.Mose 26,65
[711] Jos 14,7-11

durchkommen. Und das egal welche Umstände um mich herum sind. Zudem wird Gott mir auch noch größere Verantwortung übertragen können.

Ein wichtiges geistliches Prinzip und ebenso wichtig für das Reich Gottes ist die nächste Begebenheit. Es geht darum wer die Autorität hat zu führen und leiten. Es geht um die Situation wo sich Mose (und s e i n e Familie) sich der Sippe Korah gegenüber stehen sieht[712]. Sie sind zwar im weitestgehenden Sinne auch miteinander verwandt[713], dennoch stehen Mose und Aaron (und zum Teil Miriam[714]) dem Volk Gottes vor. Von Gott legitimiert[715]. Und wie es ist, wenn ich geistliche Realitäten mit menschlichen Wünschen, Gedanken, Vorstellungen mische – ich komme in eine Lage der Unzufriedenheit und meine es zudem auch noch Alles besser zu wissen[716]. Geistliche Leiter sind nicht (wenn wir von wirklichen geistlichen Leitern sprechen) in ihre Position gekommen, nur weil sie es wollten. Entweder hat Gott einen besonderen Plan mit ihnen gehabt oder sie sind eine bestimmte Zeit schon mit Jesus

---

[712] 4.Mose 16
[713] 2.Mose 6,20-21 ; 4.Mose 16,1 Demzufolge waren Korach und Mose Cousins
[714] 2.Mose 15,20
[715] 2.Mose 3,6-22 ; 2.Mose 3,14-16 ; 2.Mose 6,13 ; 2.Mose 7,1 ; Mi 6,4 ; 2.Kor 10,18 ; Dan 2,21 ; Apg 1,24-26 ; Apg 13,1-3 ; Tit 1,5; Apg 20,28
[716] 2.Kor 10,12-14 ; 2.Tim 3,5.7-9 ; Kol 2,18-19

unterwegs[717]. Was ebenfalls erwähnt werden muss, es sind trotzdem immer noch Menschen mit Stärken und auch Schwächen[718]. Auf jeden Fall kann gesagt werden – es kostet einen Preis. Und dieser Preis ist nicht bei jedem der Gleiche[719]. Nun kommen also Korah und seine Sippe vor Mose und sagen: Das was Du machst, das können wir auch. Und das mag in vielen oder vielleicht sogar in den meisten Fällen stimmen, dass Andere eine Arbeit genauso gut erledigen können. Zwei Dinge aber machen den Unterschied:

1. Die Herzenseinstellung[720]
2. Die Berufung[721]

Und gerade dort scheitert es[722]. Wenn ich nicht berufen bin dann, kann ich eine Position versuchen auszufüllen, wie ich es will, ich werde (ich will nicht kraftlos sagen) nicht so kraftvoll agieren können und zur Entfaltung kommen, wie wenn mir von Gott Autorität übertragen wurde[723]. Und da liegt das Dilemma in vielen unserer Gemeinden weltweit. Menschen drängen oder werden in Positionen, Ämter und „angebliche Gaben" gedrängt, die Gott nicht für sie

---

[717] 2.Mose 16,8 ; Apg 9,15-16 ; 2.Sam 5,12 ; Apg 4,36-37+9,26-27
[718] 4.Mose 12,7+ 2.Mose 18,18 ; Ri 7,10-11+8,22-23 ; Apg 13,22+2.Sam 11,2-3 ; Apg 18,24-25+ Apg 18,26 ; Ph 3,12-14+Apg 15,37-39 ; 2.Tim 2,15+1.Tim 5,23
[719] Joh 20,20-22 ; Mk 10,35-40 ; 1.Kor 4,8-13 ; 1.Tim 3,1-13
[720] 4.Mose 16,8-11 ; 2.Kor 8,16 ; 2.Kor 7,3
[721] 1.Pe 1,15 ; Röm 12,3-8 ; 1.Kor 3,10 ; Eph 4,11
[722] Apg 8,14-23
[723] 1.Kor 12,14-27

gedacht hat. Wenn ihnen jedoch der Freiraum gegeben wird ihre Stellung von Gott her einzunehmen, entfalten sie in ihren wirklichen Gaben und Talenten[724], Dinge welche überwältigend sind und voller Schönheit. Wer sich allerdings Ämter oder Positionen in der Haltung wie Korah und seine Sippe aneignen will, bekommt es mit Gott selber zu tun[725]. Nicht umsonst wird bei David nochmals im Wort erwähnt: Tastet meine Gesalbten nicht an[726]. Und vielfach wird in christlichen Kreisen hier ein Fehler gemacht. Gerade an der Stelle wo Leiter Schwächen und Fehler haben und das sogar sichtbar wird, geht es darum ihnen zu helfen, anstatt sie einfach nur von ihrer Position wegzustoßen und zu sagen, jetzt komme ich[727]. David und so manch Anderer hat das erkannt. Und anstatt das Heft selber in die Hand zu nehmen, hat er (David) es Gott überlassen denjenigen abzusetzen, welchen ER auch eingesetzt hat[728]. Gott sei Dank, dass wir heutzutage in einer Gnadenzeit leben und die Strafe nicht sogleich auf den Fuß folgt, wie bei Korah. Was bedeutet es aber nun für das Reich Gottes? –

Im Reich Gottes hat und bekommt jeder von Gott seinen Platz den er/sie ausfüllen kann und Gott weiß

---

[724] 1.Sam17,26-51 (insbesondere Verse 28.36.38-40) ; Apg 9,36.39 ; Apg 6,1-8 ; 1.Tim 1,5
[725] 1.Mose 12,3 ; Jos 1,5 ; Hos 4,4 ; 1.Sam 26,9
[726] 1.Chr 16,22
[727] 1.Pe 4,8 ; Eph 5,2 ; 2.Thess 3,1 ; 1.Tim 2,1-3
[728] 1.Sam 26,9-10

was das Beste ist. So brauche ich nicht auf die Stellung anderer zu schauen. Zumal es im Reich Gottes kein Neid mehr geben wird[729]. Aber es wird eine Haltung des Respektes gegenüber dem Anderen geben.

Im Zusammenhang mit meiner inneren Haltung und Einstellung, komme ich nun zur nächsten Begebenheit. Es handelt sich um die eherne (aus Eisenerz) Schlange[730]. Wieder einmal haben die Israeliten zu murren angefangen. Und was macht Gott? – ER schickt feurige Schlangen, welche die Murrenden beißen. Die Israeliten sehen ihre Fehler ein und Gott gibt ihnen die Möglichkeit geheilt zu werden, indem ER eine eiserne Schlange machen lässt, welche am Stab aufgerichtet wird. Wer diese anschaut, wird wieder gesund und überlebt. Auch wenn diese Begebenheit nur kurz erwähnt wird, so steckt doch manches dahinter. Warum hat Gott nicht einfach den Leuten der Schlag treffen lassen oder eine Krankheit? – Weil genau hier eine besondere Aussage getroffen werden sollte. Die Schlange steht für unseren Widersacher, dies ist allgemein bekannt[731]. Daher stehen mehrere oder viele Schlangen für die Helfer des Teufels[732]. Feuer ist eine

---

[729] 1.Pe 2,1 ; Tit 3,3 ; Gal 5,21
[730] 4.Mose 21,4-8
[731] 1.Mose 3,14-15 ; Jes 14,29 ; Off 12,9
[732] Ps 91,13 ; Jer 8,17 ; Lk 10,19

Sache die „verzehrend" ist. Schlangen befinden sich zumeist am Boden und in bestimmten Verstecken[733]. Und was hier ausgesagt wird ist: Das Murren ist wie ein verzehrendes Feuer[734] welches vom Teufel infiziert wird[735]. Und jetzt kommt die erstaunliche Sache mit der Schlange aus Eisen am Stab. Warum gerade den Grund anschauen, der meinen Tod bedeutet?

Und Gott richtet das sogar selber ein[736]. Warum? – Weil das Murren sich im Dunklen entwickelt. Und wenn ich nach unten schaue, mich weiter mit meinem „Problem" beschäftige, werde ich niemals geheilt werden können. Aber auf der Stange ist die Schlange (der Feind mit meinem Problem) offensichtlich[737]. Zudem muss ich in Richtung Himmel schauen[738]. Und auch hier gibt mir Gottes Wort die Erklärung, dass es nämlich nichts gibt, was nicht offenbar gemacht werden wird[739]. Und wenn ich zu Gott aufschaue, weiß ich von wo meine Hilfe kommt.

Fazit für das Reich Gottes:

Vor Gott kann nichts verborgen werden, vor Menschen schon. ***Wenn ich in Gottes Reich leben möchte, muss ich in Wahrheit leben und alle Dinge, die ich verbergen***

---

[733] U.a. Am 9,3 ; Am 5,19 ; Pred 10,8 ; Spr 30,19
[734] Ps 38,5-9 ; Ps 39,3-4 ; Jud ,16
[735] 1.Chr 21,1 ; Joh 13,2
[736] 4.Mose 21,8
[737] Eph 5,11
[738] Ps 121,1-2 ; Hes 40,4 ; Ps 123,1
[739] Lk 12,2 ; Lk 8,17 ; Mk 4,22

möchte ablegen. Nur dann ist ein Heil-Sein (Gesundheit) möglich. Denn Gott kann ich nicht belügen – also belüge ich mich in erster Linie selber; und dann andere Menschen.

In der nächsten Begebenheit steht Israel vor dem Land der Amoriter[740]. Ein Volk, das für seine Ungerechtigkeit, Gewalt und Götzendienst bekannt war[741]. Und durch dieses Land wollte Israel nun hindurch ziehen, ohne von der allgemeinen Durchgangsstraße abzuweichen. Aber nicht nur, dass es dem Volk verwehrt wurde; sie wurden zudem auch noch angegriffen. Und trotzdem sie in kämpferischen Auseinandersetzungen noch nicht so geübt gewesen sind, nahmen sie den Kampf an. Und mit Hilfe Gottes behielten sie nicht nur den Sieg sondern, nahmen die Gebiete von den Königen Sihon und Og ein. Natürlich kann ich jetzt sagen: Bei einer kriegerischen Auseinandersetzung ist es immer möglich, dass der eine oder andere gewinnt. Aber ich sehe auch hier in gewisser Weise ein geistliches Prinzip für das Reich Gottes bis wir in seiner unmittelbaren Gegenwart sind. *Wenn ich in das mir verheißene Land hineinkommen möchte, geht es nicht ohne Kämpfe*

---

[740] 4.Mose 21,10-35
[741] 1.Kön 21,26 ; Am 2,9

ab⁷⁴². Und diese haben nicht immer eine sichtbare Auswirkung/Ansicht⁷⁴³. Aber auch wenn ich meinen Weg gehen will, habe ich nicht nur mit Barrieren zu tun, welche mich nicht weiter kommen lassen wollen. Es gibt sogar Situationen in denen ich einen „Kampf" nicht aus dem Weg gehen kann⁷⁴⁴. Und hier wird sich herausstellen, nehme ich den Kampf an um das verheißene Land zu bekommen oder lasse ich mich zurückdrängen und besiegen⁷⁴⁵.

In diesem Zusammenhang komme ich zur nächsten Situation. Die Geschichte um Bileam und dem König Balak von Moab⁷⁴⁶. Balak erkennt, dass Israel nur dann stark ist, wenn sie gesegnet sind, sprich wenn Gott seine Hand aufmacht bzw. über ihnen hält. Und gesegnet bedeutet nicht nur einen bestimmten Wohlstand sondern auch siegreich zu sein. Und nachdem er erfahren hatte, wie das Voranschreiten Israels geschehen ist, musste er zwangsläufig Befürchtungen haben, dass auch er besiegt würde⁷⁴⁷. So wie es aussieht, hielt er seine Götter (unter anderen Kemosch dem man auch Menschen opferte und

---

⁷⁴² 1.Tim 6,12
⁷⁴³ 1.Kor 9,26 ; Eph 6,12
⁷⁴⁴ Mt 11,12 ; Heb 12,4
⁷⁴⁵ Heb 10,39
⁷⁴⁶ 4.Mose 22-24
⁷⁴⁷ 4.Mose 22,6

der Baal) nicht stark genug. Also schien ihm nur eine Schwächung der Kraft und des Segens Israels per Fluch möglich. Aber auch hier war ihm klar, dass konnte nicht aus den eigenen Reihen gemacht werden. Und so kam Bileam auf die Bildfläche. Ein Mann, welcher aus einer Stadt in Mesopotamien angefordert wurde[748]. Er wird als Wahrsager bezeichnet und das im wahrsten Sinne des Wortes, da wohl die Dinge welche er sagte, im Positiven wie im Negativen[749], auch eintrafen. Und das hatte einen einfachen Grund – er kannte Gott. Und Gott kannte ihn. Warum Gott Bileam bis zu diesem Punkt agieren ließ, wie Bileam es tat, ist nicht nachzuvollziehen. Daher lasse ich es einmal so stehen und werde mich nicht irgendwelcher Mutmaßungen weiter anschließen. Jedenfalls, weil Bileam eben bekannt war, ließ Balak ihn holen um das Volk Israel zu verfluchen. Und hier wird die größte Schwäche Bileams sichtbar – er war käuflich[750]. Bevor Balak aber zu ihm kam gab Gott ihm die klare Anweisung nicht zu gehen[751]. Anfänglich hielt sich Bileam auch daran. Aber es wird auch deutlich, was er weitergibt: Nämlich, das ist Gottes und das meine (Bileams) Ansicht[752]. Anstatt es jetzt bei Gottes Verbot zu belassen, versuchte Bileam Gott nun

---

[748] 4.Mose 22,5
[749] 4.Mose 22,6-7 ; 4.Mose 24,15-16
[750] 4.Mose 22,17
[751] 4.Mose 22,12
[752] 4.Mose 22,13

umzustimmen. Und das mit der Folge, dass Gott ihm scheinbar die Erlaubnis erteilte mitzugehen[753]. (Aber er hätte es wissen müssen, wie Gott handelt)[754]. Und selbst nachdem Gott drastische Maßnahmen trifft Bileam zu warnen und ihn von dem eingeschlagenen Weg abzuhalten, setzt dieser seinen Weg fort[755]. So blieb Gott nur die Eindringlichkeit Bileam das sagen zu lassen, was Gott bereits für Sein Volk gedacht hat[756]. Und hier war nun ein Punkt erreicht, den selbst Bileam nicht überschreiten wollte. So blieb ihm nur möglich Segen auszusprechen. Das bedeutete jetzt aber für ihn Verlust der Einnahmen, da er nicht nach den Wünschen der Auftraggeber gehandelt hat[757]. Wie sich allerdings später herausstellen sollte, fand er doch noch eine mögliche Art das Volk Israel zu schwächen. Womit? – Mit natürlichem Verlangen[758]. Die alte Geschichte von Beziehung. Man knüpft Beziehungen zu „anderen Völkern"[759]. Und da diese auch in kultischen und sexuellen Praktiken mit ihrem Gott Baal verstrickt sind, bewirken diese Beziehungen ein Abwenden von Gott (ob nun langsam oder schnell ist hier egal)[760]. Und damit

---

[753] 4.Mose 22,19-20
[754] Jes 55,11 ; Ps 33,4
[755] 4.Mose 22,21-34
[756] 4.Mose 22,35
[757] 4.Mose 24,11
[758] 4.Mose 31,16 ; Off 2,14
[759] 3.Mose 18,24
[760] 1.Kön 11,1-10

bewirkt die ganze Situation Gottes Zorn herauf. Und da hier Israel, Moab, Midian und Bileam involviert sind hat jeder der Angesprochenen sein Teil zu tragen[761]. Und bei Bileam ist es eben der Tod, da er sich bewusst gegen Gott gestellt hatte. Was kann ich denn hier aus dieser Geschichte für das Reich Gottes erkennen?

Nun, zuerst einmal, Gott sagt was ER meint und meint was ER sagt[762]. Und es wird dadurch nicht anders, wenn ich versuche Gott um meiner Vorteile willen umzustimmen[763]. Da ist selbst mein Bekanntheitsgrad kein Wertmaßstab[764]; ich werde durch diesen sogar eher noch geblendet[765]. Weiterhin ist die Gefahr der Manipulation auch schnell zur Hand[766]. Und so kann ich mich schnell von einem Gläubigen Gottes, zu einem, meine Wünsche erfüllenden Wahrsager verändern. Leider gibt es aus Vergangenheit und Gegenwart genügend Beispiele, die einen sehr guten Anfang belegen aber, aus Gründen des Vorteils für die eigene Person ein ungutes Ende nahmen und nehmen. Deshalb kann ich nicht nur sondern soll, ja muss ich Gott bei Seinem Wort nehmen. Und Gott wird es nicht zulassen, dass Sein Wort verdreht wird; weder in der Vergangenheit

---

[761] 4.Mose 25,9 ; 4.Mose 31,8ff
[762] 4.Mose 23,19
[763] 1.Sam 15,22-31 ; Apg 16,16-18
[764] 2.Kön 5,7 ;
[765] 2.Kor 6,14-15 ; Jak 4,4 ; Lk 12,15-21
[766] 2.Kön 5,19-24 ; Spr 5,3+7,5-22 ; Jer 6,13 ; Apg 5,1-4 ; Apg 19,13-15

noch in der Gegenwart und auch nicht in der Zukunft[767]. Und ich kann sehen und das werden wir uns auch später auch noch einmal anschauen, dass göttlich gewirkte Beziehungen zum anderen Geschlecht Segen bringen, während von meinem Verlangen geprägte Beziehungen mich von Gott wegziehen und mir den Tod bringen (erst geistlich, dann seelisch und letzten Endes auch körperlich)[768]. Ein weiterer Aspekt den ich sehen kann ist der: Solange ich unter der Hand Gottes bin, bin ich in Seinem Segen und kein Fluch der Welt oder des Feindes hat die Macht mich zu zerstören[769]. Erst dann, wenn ich mich aus dem von Gott gestecktem Rahmen hinaus bewege, dann bin ich für jegliche Art von Angriffen des Teufels und der Welt angreifbar und kann Schaden erleiden[770]. Lasse ich den ursprünglichen Zustand von Gott wieder herstellen und begebe mich unter Seine Hand, kann die Beziehung zu Gott zwar wieder hergestellt werden[771] aber, ich muss trotzdem mit den Konsequenzen, welche mein Handeln hervorgebracht haben, leben und auseinandersetzen[772]. Auch wenn mir Gott vielleicht in der Situation helfen kann.

---

[767] Ps 50,16 ; Tit 1,11
[768] 2.Kön 5,25-27 ; Spr 5,9-11 ; Apg 5,5 ; Apg 19,16
[769] Ps 91 ; Spr 26,2 ; Neh 2,18 ; Jes 43,1-2 ; Kol 3,3
[770] 1.Pe 5,8 ; 2.Pe 2,9-20
[771] Jer 25,5 ; Hes 18,28 ; Mt 18,15
[772] 1.Mose 19,30-38 ; 1.Sam 13,13+1.Sam 15,22-31 ; Esra 3,12 ; 2.Kor 2,5-7

*

Der nächste Punkt, welcher für das Reich Gottes wichtig ist, ist eigentlich an keiner Geschichte festgemacht sondern an einem bzw. zwei Versen im 5. Buch Mose. Ich soll mein Brandopfer nicht an jeder x-beliebigen Stelle/Ort, welche ich sehe, bringen. Sondern, Gott wird diese zeigen[773]. Das wirft eine Frage auf: Gibt es einen falschen Ort, eine falsche Zeit oder auch eine falsche Art und Weise Gott „ein Opfer" zu bringen? – So wie es aussieht scheinbar ja. Aus diesem Grunde bleiben so viele gute Bewegungen an einem bestimmten Punkt stecken oder fangen gar nicht erst an. Vielfach hat das auch mit der Mentalität unserer heutigen Zeit oder soll ich sagen der Welt zu tun[774]. Es muss alles schnell gehen. Oder ich benötige Dinge sofort. Aber Gottes Uhren und Bedingungen laufen auf einem ganz anderen Level ab[775]. Ich bin auf Zeiten und Orte und Art und Weisen fixiert[776]. Und verpasse dadurch die richtige Zeit, den Ort und die Art und Weise von Gott auswählen zu lassen[777]. Die Folge ist, anstatt des Segens einer lebendigen Beziehung, habe ich eine Tradition, die mir in meiner Beziehung zu Gott nicht weiter hilft. Oder ich habe sogar eine Religion, welche sich

---

[773] 5.Mose 12,13-14
[774] Jak 4,13-16 ; 1.Kor 7,31 ; Eph 2,2 ; Gal 4,9-10
[775] Jes 55,8-9
[776] Röm 1,13 ; Röm 14,5-6
[777] Eph 5,16 ; 2.Tim 4,3 ; 2.Kor 6,2

in Formeln ergießt, die fast schon an Wahrsagerei erinnert[778]. Ein Beispiel möchte ich in diesem Zusammenhang erwähnen. In Europa gab es viele heidnische Kultstätten an denen verschiede Götter angebetet wurden. Dann wurden Missionare ausgesandt, die gute Botschaft den Völkern zu bringen. Es waren aber nicht alle so einfach bereit den Neuen Glauben anzunehmen. Und so wurde manchem Missionar, von oberster Kirchenleitung, geraten die heidnischen Gegenstände oder Orte zu zerstören und darüber christliche Kirchen, Kapellen und dergleichen zu bauen[779]. Aber was wurde mit dem erreicht, da doch die Orte noch dieselben blieben? – Es wurden mehr oder weniger die Namen ausgetauscht und alles bekam einen christlichen Touch. Aber dadurch änderte sich doch der Glaube in den Herzen der Menschen nicht grundsätzlich. Ich will damit jedoch nicht sagen, dass dadurch der Glaube an Gott gänzlich unmöglich gemacht wurde. Aber er war erschwert worden.

Gibt es also einen falschen Ort? – Ja[780].

Gibt es eine falsche Zeit? – Ja[781].

Gibt es eine falsche Art und Weise? – Ebenfalls Ja[782].

---

[778] Kol 2,16-23
[779] Lutz E. von Padberg- Mission und Christianisierung: Formen und Folgen bei Angelsachsen und Franken im 7. und 8. Jhd. S. 153
Peter Brown- Die Entstehung des christlichen Europa S.244
[780] Jos 18,1 + Jer 7,11-14 ; Joh 4,20-24
[781] Mt 5,23-24 ; 1.Kor 11,21-34 ; Apg 1,7

Für das Reich Gottes kann also gesagt werden: ***Durch Gottes Führung erkenne ich die richtige Zeit, Ort und Art und Weise.***

In dem nächsten Vers wird schon vorweggenommen, was später noch erfolgen sollte[783]. In 5.Mose Kapitel 17 erfahren wir wie die Handhabe ist, wenn das Volk der Israeliten sich einen König zu wählen wünscht. Bis zu diesem Zeitpunkt gab es keine Frage über einen König oder anderen Leiter des Volkes. Es war klar, Gott ist der Herr (und König) über Alles und ER bestimmt die Führungspersönlichkeiten, welche in direkter Beziehung mit Gott Alles für oder über das Volk regeln[784]. Da Gott aber die Menschen kannte und wusste, was kommen wird, nahm er vorweg ihnen zu erklären, wie sie bzw. auch der eventuelle König sich zu verhalten hätten. Er nahm also faktisch Seine „Entthronisierung"[785] vorweg. Welche Auswirkungen das haben sollte, werden wir uns ein anderes mal anschauen.

---

[782] Jes 58 ; Lk 11,42 ; Lk 18, 9-14
[783] 5.Mose 17,14
[784] 2.Mose 15,18 ; 2.Mose 24,7 ; 2.Mose 29,46
[785] Wenn es einem Geschöpf überhaupt möglich ist das Höchste Wesen aller Universum für abgesetzt zu erklären

*

Nach Mose wurde sein Diener Josua eingesetzt das Volk zu führen[786]. Es ist derselbe Josua, der Mose die Handreichungen gemacht hatte[787] und der einer der Kundschafter gewesen ist[788]. Und der ähnlich Kaleb mittlerweile auch um die 80 Jahre sein musste. Hier eine kleine Ermutigung für die, welche im fortgeschrittenen Alter sind: Selbst jetzt noch kann Gott Dich für etwas ganz Großes gebrauchen. Aber nur, wenn Du es nach Gottes „Spielregeln" machst. Gott hat Josua (und das ist Josua und nicht Du) gesagt wie er weiter voran zu gehen hätte. Sicher ist ein Teil dessen, was ich jetzt aufführe, Du ebenfalls beachten kannst aber, bedenke es gibt auch Aspekte, die auf jede Person individuell zugeschnitten sind. Was waren also Josuas Anforderungen?[789]

1. Er sollte beständig das Buch des Gesetzes präsent zum Aussprechen haben.[790]
2. Er sollte darüber Tag und Nacht, sprich zu jeder Zeit darüber nachdenken (nicht grübeln!).[791]
3. Er sollte darauf achten danach zu handeln.[792]

---
[786] 4.Mose 27,18-23
[787] 4.Mose 11,28 ; 2.Mose 33,11 ; 2.Mose 24,13 ; Jos 1,1
[788] 4.Mose 13,8.16
[789] Jos 1,1-9
[790] Ps 51,17 ; Röm 10,8
[791] Ps 119,27 ; Ps 1,2
[792] 5.Mose 5,32 ; 2.Kön 21,8 ; 1.Tim 4,16

Und die Folge würde sein, dass er zum Ziel und zu Erfolg gelangen würde[793]. Allerdings musste Gott ihm, der mit Mose ausgezogen war, der die Wüste mit erlitten hatte, der in der Nähe Mose gewesen war und Dinge erlebte und sah wie wenige und der auch Kämpfe mit anderen Völkern durchfocht, dem musste Gott 3 mal zusprechen – Sei mutig und stark:

1. Das Land als Erbe auszuteilen[794]
2. Nach dem Gesetz zu handeln und das ohne Kompromisse nach rechts oder links, damit sich der Erfolg einstellt[795]
3. Sich nicht zu fürchten und erschrecken, weil Gott sein Herr mit ihm ist.[796]

Und so zog Josua weiter, zu jeder Zeit bereit die Dinge so anzugehen, wie Gott es wollte und wie es gut und richtig war[797]. Und wir erfahren, dass Josua eine beständige Beziehung mit Gott gelebt hat.[798]

Jetzt stehen sie also vor Jericho; nachdem sämtliche Männer beschnitten wurden (als Zeichen der Zugehörigkeit

---

[793] Jos 1,8
[794] Jos 1,6
[795] Jos 1,7
[796] Jos 1,9
[797] Jos 5,13-15 ; Jos 6,3-10 ; Jos 23,14
[798] Jos 13,1 ; Jos 24,15.29

zum Volk Gottes)[799]. Und während Josua auf Jericho schaute und überlegte, welche Strategie anzuwenden sei, stand der Oberste des Heeres des Herrn vor ihm[800]. Nachdem geklärt war, mit wem Josua es zu tun hatte, gab er dem Obersten die Achtung, welche einem Ranghöheren (militärisch gesehen) gebührt. Und er war sofort bereit Instruktionen zu empfangen. Und die Instruktion lautete: Nicht die Schuhe von den Füßen, sondern den Schuh vom Fuß, zu ziehen (Originaltext). Weil der Ort auf dem er stand heilig wäre.

Wo ist denn hier der Unterschied? Ist das nicht Haarspalterei? – Nein, das ist es nicht. Wenn ich hier die Mehrzahl (Schuhe) nehme, geht es darum Gott anzubeten, was an dieser Stelle sicherlich auch nicht verkehrt gewesen wäre. Geht es aber um die Einzahl (Schuh) dann, geht es um Autorität und Vormachtstellung. Ich sehe das in der Geschichte um Ruth[801]. Und dann erklärt Gott (wie auch später in anderen Kämpfen) wie Josua den Kampf zu kämpfen hätte[802]. Und der Erfolg war groß. Was kann ich daraus für das Reich Gottes als Fazit ziehen?

1. Gottes Reich ist zu jeder Zeit wehrhaft[803]

---

[799] Jos 5,2-9
[800] Jos 5,13-15
[801] Ruth 4,1-11
[802] Jos 6,2ff
[803] Mt 26,53 (= ca. 72.000 Mann + 3600 Reiter, sofort) ; 2.Sam 24,15-16 ; 2.Kön 19,35 ; Ps 24,8

2. Es ist nicht mein „Kampf" da hineinzukommen, was Gott mir verheißen hat[804]
3. Aber ich muss die Voraussetzungen erfüllen, damit Gott handeln kann[805]

Also: **Gottes Reich ist stark und kann sich auf der Erde stark erweisen, wenn ich meine Autorität an IHN abgebe.**

Zeit der Richter und Samuel

Wie sieht es mit dem Reich Gottes während der Zeit der Richter aus? Und wer sind die Richter?

Es sei anzumerken, dass Josua kurz bevor seines körperlichen Ablebens nochmals das Volk Israel auf seine Lage hingewiesen hatte[806], und das Volk sich darauf festlegte, Gott dienen zu wollen[807]. Eine Zeitlang führten die Ältesten bzw. Richter (die Nachfahren derer, die von Mose als Institution eingerichtet worden waren) das Volk weiter. Sie haben noch die Wüstenzeit und Landeinnahme erlebt. Und kannten Gott in individueller Art. Das machte

---

[804] 2.Mose 14,14 ; 2.Kor 1,20
[805] 1.Tim 6,12 ; 2.Tim 2,5
[806] Jos 23,2-24,15
[807] Jos 24,16-27

sie zur damaligen Zeit zu besonderen Menschen. Aber auch ihre Zeit war irgendwann einmal um[808]. Die eingerichtete „Institution" der Richter blieb. Jedoch haben die Generationen von Richtern, welche nach ihnen folgten Gott nicht mehr so gekannt wie zuvor[809]. Hatte sich Gott etwa geändert? – Keineswegs![810] Aber eine lebendige Beziehung kann man eben nicht weitergeben[811], kultische Handlungen, moralische Wertvorstellungen und Gesetze schon[812]. Und was passiert, wenn keine Beziehung da ist? – Man geht anderen Dingen und sogar Göttern nach[813]. Und die Folge war, weil Gottes Prinzipien Bestand haben, dass das Volk Israel in Schwierigkeiten kam und das Stamm für Stamm, ob im Norden, Osten, Süden oder Westen. Hat Gott das zugelassen, weil Er ärgerlich war? – Nein. Aber Er hatte es bereits bei Mose aufgezeigt, was für den einen oder anderen Fall passieren würde[814]. Und nun hat Gott Sein Wort wieder bestätigt. Aber er verließ SEIN Volk nicht. Und so geschah es, dass wenn sie zu IHM riefen ER ihnen half, indem ER ihnen Richter gab, welche ER für die Befreiung Israels an Kraft und Weisheit ausrüstete. Das schien jedoch nur so lange anzuhalten,

---

[808] Jos 23,2 ; Jos 24,1 ; Ri 2,7.10
[809] Ri 2,16 ; Apg 13,20
[810] Ps 89,35
[811] 1.Sam 3,1
[812] Eph 6,5-6 ; 2.Kor 6,12 ; Kol 2,8-3,4 ; Joel 2,13 ; 2.Kor 12,14
[813] Röm 1,28 ; 2.Tim 4,10 ; Ri 3,7
[814] 5.Mose 28-30

wie die Richter ihre Beziehung zu Gott pflegten oder lebten[815]. Und aus diesem Grunde gab es in dieser Zeit ein ständiges Auf und Ab zwischen Sieg und Niederlage.
Wie ist das Fazit für das Reich Gottes?
Nur eine kontinuierlich gepflegte Beziehung zu Gott lässt mich im Sieg leben, weil nicht ich sondern Gott der Garant meines Sieges ist.[816]

Und dies sehe ich auch in der Geschichte um Gideon[817]. Nicht nur, dass Gott einen großen Sieg für das Volk Israel errungen hatte und sie befreite; wichtiger ist noch, was davor geschah. Nämlich die Auswahl der Helfer. Es blieben von ursprünglich 22.000 Mann (sowieso ein zu kleiner Teil der gegen eine schier übermächtige Armee gegenüber stand[818]) zum Schluss nur noch 300 Mann übrig. Was hat sich Gott dabei gedacht?
Denn, ermutigend ist das nicht gerade. Aber wir als Menschen sehen vielfach nur das Sichtbare[819]. Gottes Möglichkeiten sind bei weitem andere[820]. Und das lese ich gleich zu Anfang (manche Teile, welche Gott sagt,

---

[815] Ri 8,28 ; Ri 3,11
[816] 2.Mose 17,15
[817] Ri 6-8
[818] Ri 7,12
[819] 2.Kor 4,18 ; 1.Sam 16,7 ; 2.Kön 6,14-15
[820] 2.Kön 6,16-17

überlesen oder überhören wir leider[821]): damit Israel sich nicht eigener Stärke gegenüber Gott rühmen könnte[822]. Für das Reich Gottes kann gesagt werden:

Egal, welche Sache es auch ist mit der ich Erfolg haben könnte, der Ruhm gehört letzten Endes immer Gott[823].

Im nächsten Abschnitt komme ich zu einem der unglücklichsten Kapitel, welches im sichtbaren Reich Gottes und im Glaubensleben angesehen werden kann. Die Geschichte um Simson[824]. Gott hatte eine bestimmte Absicht in Simsons Leben[825]. Aber er war ein Hitzkopf, der weder seinen Charakter, noch sein Temperament gut unter Kontrolle bekam[826]. Weil er jedoch militärisch gesehen Erfolg hatte, machte man ihn zum Richter[827]. Aber auch nach Jahren schien er für gute und hilfreiche Ratschläge resistent gewesen zu sein. Und das in Bezug auf das andere Geschlecht im Besonderen. Leider sind wir Menschen gerade in diesem Bereich unserer Beziehung

---

[821] Sätze mit *w e n n ... d a n n ...* Option.
Oder Verbindungen mit *u n d ...* .
Auch Sätze mit *a b e r ...* sind zu beachten.
[822] Ri 7,2
[823] Jer 9,2-23 ; Jes 42,8
[824] Ri 13-16
[825] Ri 13,5.7
[826] Ri 14,3.6.9.19+15,3.7+16,1.4.28
[827] Ri 15,20

zum anderen Geschlecht so wenig bereit auf Ratschläge zu hören[828]. Daher hat der Verwirrer auch so viele Möglichkeiten hier sein Unwesen zu treiben. Ich sehe wie das Leben Simsons weiter verläuft. Und weil er sich aus dem Segen Gottes hinaus bewegte, musste er zwangsläufig mit seinem Leben scheitern und die Konsequenzen tragen. Aber, wird jetzt mancher einwenden, er hat doch zum Schluss einen größeren Sieg über die Feinde des Volkes Gottes errungen als in seinen ganzen Lebensjahren zuvor[829]. Das stimmt zwar aber was hätte noch alles geschehen können, wenn er die hilfreichen Ratschläge, die ihm angeboten wurden, angenommen hätte?

Fazit für das Reich Gottes:

Die geschlechtlichen Beziehungen spielen in Gottes Reich am Ende nicht die Rolle, wie zu Lebzeiten eines Menschen auf der Erde[830]. Hier aber kann solch eine Beziehung entweder zum Niedergang oder zum Leben + Segen führen und dem Reich Gottes indirekt helfen oder schaden[831].

---

[828] u.a. 2.Mose 20,14.17 ; Siehe Buch der Sprüche ; 1.Kor. 7 ; Eph 5,21-32
[829] Ri 16,31
[830] Lk 20,34-36
[831] z.B. Abraham+Sarah ; Simson+... ; Ruth+Boas ; Isebel+Ahab ; Joseph+Maria ; Hananias+Saphira ; Aquila+Priscilla

*

Diese Aussage sehe ich auch im Leben von Ruth der Moabiterin[832]. Das Volk der Moabiter hatte kein Anrecht auf die Verheißung und allein durch deren Entstehung hätten sie von Gott gleich gestraft werden müssen[833]. Aber, sie wurden um Abrahams willen verschont[834]. Nun verlässt Elimelech vom Stamm Juda mit Noomi und den Söhnen Machlon und Kiljon aufgrund einer Hungersnot das verheißene Land. Und sie finden in Moab bessere Bedingungen vor, sodass die Söhne sogar moabitische Frauen heiraten. Wie es aber aussieht, behielten sie den Glauben an den einen Gott bei und auch die Frauen der Söhne nahmen daran Anteil. Aus welchem Grund auch immer starben alle Männer dieser Familiengemeinschaft. Und nachdem bekannt wurde, dass es in der Heimat wieder aufwärts ging, hielt Noomi nichts mehr in der Fremde. Und weil sie ihren Schwiegertöchtern menschlich gesehen nichts mehr bieten konnte, gab sie ihnen den Freiraum zu gehen wohin diese wollten. Auch wenn das bedeuten würde, dass Noomi schwierige Zeiten der Versorgung entgegen sehen würde[835]. Anfangs wollten

---

[832] Buch Ruth
[833] 1.Mose 19,30-38
[834] 1.Mose 19,29
[835] 5.Mose 24,19-21 (Die Versorgung war hauptsächlich durch die Männer gewährleistet.) ; 1.Tim 5,4 + Apg 6,1 (z.Z. der ersten

beide nicht von der Seite Noomis weichen, bis Orpa schließlich nach vielen Zureden Noomi doch verließ. Aber an dieser Stelle macht Ruth eine erstaunliche Aussage. Nicht nur, dass sie in der Nähe Noomis bleiben wird, komme was wolle, sondern sie trifft die Entscheidung: „Dein Volk ist mein Volk und dein Gott ist mein Gott". Und auch der Sterbe- + Begräbnisort soll der Gleiche sein wie bei Noomi[836]. Hier kommt jemand aus einer anderen Kultur und einer anderen Religion bzw. Glauben und lässt radikal alles hinter sich, bis hin zur Verleugnung der eigenen Identität. Und in der Folgezeit setzt sie nicht nur alles daran, dass es ihrer Schwiegermutter gut geht[837] sondern sie setzt sich mit ihrer neuen Heimat und neuen Kultur auseinander. Und durch Fleiß und Verlangen Teil des Volkes zu sein, werden Andere auf sie aufmerksam[838]. Das geht bis zum Besitzer des Feldes hin auf dem sie ihr „Brot" verdient und der auch noch mit Noomi verwandt ist[839]. Dieser setzt, nachdem Ruth ihm ihre Zuneigung erklärt hatte, alles daran, dass es zu einer Ehe kommen kann. (Da er offensichtlich nicht verheiratet gewesen ist). Und er klärt auch die Ansprüche, bei welchen ein Anderer einen

---

Christen geschah die Versorgung zuerst durch die Verwandten und dann erst durch die Gemeinde)

[836] Ruth 1,16-17
[837] Ruth 2,11
[838] Ruth 2,12
[839] Ruth 2,20

Vorrang hat[840]. Dieser verzichtet jedoch als er hört, dass eine Beziehung (Heirat) einzugehen sei[841]. Und so steht Boas, so heißt der Besitzer des Feldes auf dem Ruth ihr Auskommen hat, als Löser da und kann Ruth heiraten. Und sie wird in der Folge dessen die Ur-Großmutter des späteren König Davids[842]. Ich könnte jetzt viel von dem erzählen, wie sehr die Geschichte mit einem Gläubigen und Jesus in Verbindung gebracht werden kann. Und das wäre wirklich wunderbar. Aber dies ist hier nicht mein Wunsch und Aufgabe. Schauen wir uns an welches Resümee ich für das Reich Gottes ziehen kann.

Es ist möglich, von jemand dem Gott fremd war, hin zu jemand der nicht nur Anteil am Volk Gottes nimmt sondern sich voll integriert, ja sogar als ein Beispiel genommen wird, zu kommen. **Wer nicht nur bereit ist alles hinter sich zu lassen, sondern es auch tut, wird auch wenn er nicht zum Volk Gottes gehören sollte, einen Platz bei Gott haben.**

Kommen wir zu einem Mann in dessen Zeit eine Ära zu Ende geht. Welche Ära? – Die des vorläufig unmittelbaren Königtums Gottes, über SEIN Volk und Land. Aber nun Schritt für Schritt. Erst einmal sei gesagt, es handelt sich

---

[840] Ruth 3,9-13
[841] Ruth 4,5-6
[842] Ruth 4,21

um Samuel[843]. Und schon zu Anfang wird von Gott klar gemacht, dass Gott mit ihm etwas Besonderes vorhat. Als Kind wird er in die Obhut eines Priesters gegeben, wo er heranwächst. Hier beginnt er auf die Stimme Gottes zu hören[844]. Und es gibt wohl wenige wie ihn, die so in Beziehung zu Gott standen und sich so mit Gottes Belangen identifiziert haben oder es auch heute noch tun[845]. Und weil es in seiner Zeit so wenige gab, die solch eine Beziehung mit Gott hatten[846], wurde in seinem Umfeld erkannt, dass Gott ihn zum Propheten bestellt hatte[847]. Nachdem es offensichtlich wurde, dass eine Kontinuität in seinem Leben war und er auch die Weisheit und Erkenntnis über Gottes Wort hatte, wurde er zudem zum Richter bestimmt[848]. Es liegt mir aber fern jetzt immer ein Karriereweg aufzuzeigen, wie es verlaufen könnte. Denn, es geht nicht darum Karriere zu machen[849]. Wer das denkt ist auf dem Holzweg[850]. Es geht darum Erfolg zu haben und seine Sache gut zu machen[851]. Das will auch Gott[852].

---

[843] 1.Samuel 1,1-25,1
[844] 1.Sam 3,10 ; Joh 10,27 ; 2.Pe 1,19 ; Spr 12,15 ; Jes 32,3 ; Jes 55,3 ; Heb 4,2 ; Jak 1,19
[845] 1.Sam 8,6.9+9,16.17+10,2-8+12,17.18+15,10.11+16,1-13 ; 1.Kor 4,1 ; Gal 2,19-20
[846] 1.Sam 3,1
[847] 1.Sam 3,20 ; Ph 2,15 ; Kol 2,6 ; Röm 8,19
[848] 1.Sam 7,6.15-17 ; 2.Tim 2,2 ; 1.Tim 5,22
[849] 2.Kor 10,12
[850] 2.Kor 10,18 ; Lk 14,8-11 ; Ph 2,3 ; Röm 4,4
[851] Gal 6,4 ; 2.Thess 1,11
[852] Kol 1,10

Aber das ist etwas ganz anderes zum Karrieredenken. Gott geht es nämlich darum, dass wenn die Qualität in mir größer wird, auch andere daran Anteil haben zu lassen, sodass auch ihre Qualität steigt[853]. Und dann geht es nicht mehr um mich sondern um Gott[854]. Aber ich kann mich daran freuen, dass und wie Gott mich gebraucht[855]. Wie ich auch schon einmal an einer anderen Stelle erwähnte, ist der Anfang das Hören oder besser gesagt das Zuhören. Bei Samuel wird mir das ganz deutlich gemacht. Und gerade hier bleiben viele gute von Gott berufene und begabte Menschen auf der Strecke. Denn entweder hören sie nur am Rande zu oder teilweise (was sie hören wollen[856]) oder nur zur Hälfte (und rennen gleich los oder auch nicht[857]). Die wenigsten haben sich eine Kultur des Zuhörens angeeignet[858]. Aber gerade das ist, egal zu welcher Zeit oder an welchem Ort, so notwendig, damit ich weiß wie ich in meiner Zeit leben kann und soll[859]. Nur wer seinen Gott kennt kann sich stark erweisen und dementsprechend handeln[860]. Und wie lerne ich IHN kennen? – Indem ich mit IHM Zeit verbringe und IHM

---

[853] 2.Kor 12,6 ; Röm 12,3 ; Eph 4,16 ; Eph 4,13 ; 1.Kor 13,11
[854] 1.Kor 3,7 ; 1.Kor 1,31 ; Röm 11,36
[855] 2.Kor 5,12 ; Heb 10,36 ; 3.Joh ,4 ; Kol 2,5 ; 1.Kor 15,10 ; 1.Kor 9,16-18
[856] Joh 9,27 ; Apg 17,32 ; 2.Tim 4,10 ; Mk 4,19
[857] 1.Sam 15,2-3.13-14 ; Kol 2,8 ; 4.Mose 14,9-10.21-22.39-45
[858] Ph 3,1 ; Sach 4,6 ; Ps 127,1+2
[859] Mt 16,2-3
[860] Dan 11,32

zuhöre, was ER zu sagen hat[861]. Interessanter Weise gibt es mittlerweile auch unter Gläubigen, ob nun Juden oder Christen mehr und mehr eine Fastfood Mentalität. Diese hält danach Ausschau, wo ich den nächsten Segen „abgreifen" kann ohne allzu viel zu investieren[862]. Dadurch werde ich zwar die Gaben und den Segen Gottes kennen lernen aber nicht IHN selber als Person[863]. Denn, der nächste Schritt nach dem Zuhören heißt doch – was fange ich mit dem Gehörten an?[864]

Sprich, ich denke darüber nach und frage, auch wenn ich etwas nicht verstanden habe[865]. Darum sind auch viele Gemeinden so schwach in ihrem Reden und Handeln für Gott. Weil sie ihren Gott nicht kennen. Welches Fazit kann ich für das Reich Gottes ziehen?

Das Reich Gottes ist stark, weil es seinen Gott, soweit es möglich ist kennt. Die Wirksamkeit wird auf der Erde durch mein Reden, Handeln und Sein gefördert oder beeinträchtigt.

Und fast am Ende des irdischen Daseins von Samuel geschieht das Ungeheuerliche. Das Volk Israel, das Volk

---

[861] Ps 27,8 ; Ps 68,4 ; Ps 139,17 ; Ps 65,5 ; Ps 92,14 ; Hab 2,1
[862] Apg 8,18-19 ; Ri 17,10+18,4.19-20 ; Jud ,16 ; Tit 1,16
[863] Mt 7,22-23 ; Joh 10,5 ; Gal 4,9 ; 1.Kor 13,12 ; 5.Mose 34,10
[864] 2.Mose 4,15
[865] Ps 119,27 ; 1.Chr 16,11 ; Jer 29,13 ; Hab 2,1

der Berufenen, das Volk Gottes, begehrt einen König[866].
Nicht, dass Gott es nicht schon längst zuvor gesagt hätte, dass der Zeitpunkt kommen wird. Aber mit welcher Begründung: Du bist alt, deine Söhne taugen nicht als Richter zur Führung (was alles wahr ist) und außerdem wollen wir nicht immer die Außenseiterrolle spielen. Schließlich haben alle Länder rundherum einen König. Also warum nicht auch wir[867]. Und in dem Ganzen fühlte sich Samuel persönlich angegriffen, weil er sich so sehr mit Gottes Belange identifizierte. Aber sicherlich war ihm auch bewusst, dass das Volk nicht wusste, was sie mit diesem Begehren anrichteten. Und Gott musste Samuel erklären, dass er zwar involviert ist, es aber trotzdem nicht um ihn sondern um Gott ginge.

„Höre auf die Stimme des Volkes in allem, was sie dir sagen! – Denn, nicht dich haben sie verworfen, sondern mich haben sie verworfen, dass ich nicht König über sie sein soll."[868]

Was bedeutet diese Aussage nichts anderes als:
Die Autorität und Machtausübung wird auf den König übertragen und Gottes direkte Einflußmöglichkeiten werden reduziert. Die Erwartungshaltung ist nicht länger als Schwerpunkt auf Gott fixiert sondern erfährt eine

---

[866] 1.Sam 8,4-5
[867] 1.Sam 8,3.5
[868] 1.Sam 8,7-8

Verlagerung auf den König. Und somit steht oder fällt das neue Königreich mit seinem König einerseits in Bezug auf Gott, dem er verantwortlich ist[869] und andererseits in Bezug auf das Volk mit seinen Ansprüchen und Wünschen[870]. Und dann soll Samuel das Volk mit dem Recht des Königs konfrontieren.

- Einsetzen von Arbeitern für den persönlichen Wohlstand[871]
- Einsetzen von Menschen zu Kriegszwecken[872]
- Einsetzen zur Fertigung von Kriegsgerät[873]
- Bereicherung von Land zum Eigennutz[874]
- Erhebung von Abgaben[875]
- Bestimmen von Knechtsverhältnissen zum Eigenzweck[876]

Und dann soll Samuel ihnen erklären, dass wenn das Volk wegen dieser Dinge zu IHM (Gott) kommen würde, um Hilfe zu bitten ER Gott nicht hören wird[877]. Es ist von diesem Zeitpunkt nicht länger in Gottes Verantwortung. Hier sei eine Anmerkung erlaubt. Erst wenn Gott wieder die Verantwortung übertragen wird, ist es IHM möglich

---

[869] 5.Mose 17,15.18-20
[870] 1.Sam 8,5.20
[871] 1.Sam 8,11.13.16
[872] 1.Sam 8,11-12
[873] 1.Sam 8,12
[874] 1.Sam 8,14
[875] 1.Sam 8,15.17
[876] 1.Sam 8,16
[877] 1.Salm 8,18

einzugreifen[878]. Jedenfalls blieb das Volk trotz all dieser Aussagen bei seinem Verlangen. Und der einfache Grund – sie waren nicht länger bereit als Gesamtheit in militärische Auseinandersetzungen zu ziehen („sie wollten von einer Allgemeinen- zu einer Berufs-Armee")[879]. Und das sollte nun der König machen. Leider erkannten sie nicht, dass nun höhere Belastungen auf sie zu kamen. Und es wird auch deutlich, dass sie Gott nicht mehr kannten, ER ihnen fremdgeworden war. Sie wollten einfach ein neues „Zugpferd". Was für uns aber im Zusammenhang mit dem Reich Gottes auch interessant ist, dass diese Aufzählung wiederum Rückschlüsse auf die Königsherrschaft Gottes gibt. Wenn ich mir diese nämlich genauer anschaue, stelle ich fest, dass Gottes Königsherrschaft so anders als die Königsherrschaft der Menschen ist:

- Gott benötigt keinen Wohlstand IHM gehört alles[880]. ER ist eher darauf bedacht, dass die, welche in SEINEM Auftrag stehen, die Dinge haben, was sie benötigen.[881]

---

[878] Immer wieder ist zu sehen, dass wenn ein Land ohne Gott lebt, der Segen auf verschiedensten Ebenen fehlt und es sich mehr und mehr ins Chaos stürzt. Einzelne Menschen können hierbei eine Ausnahme sein.
[879] 1.Sam 8,20
[880] Ps 57,8 ; 2.Chr 1,12 ; Jes 45,3; Ps 24,1; Spr 10,22
[881] Ph 4,19 ; Mt 6,8 ;

- IHM ist nicht an kriegerischen Handlungen gelegen. Vielmehr ist er auf Ausgleich bedacht. Dort wo es aber nicht anders geht, stellt ER sich aber zu SEINEM Volk und hilft in vielfältiger Art und Weise[882]
- Weiter ist es IHM daran gelegen mir eher etwas zu geben anstatt zu nehmen[883]. Und dort wo ER erwartet, dass ich IHM etwas gebe ist es nur deshalb, weil ER sieht und weiß, dass es mir gut oder eben nicht gut tut[884]. Aber ER füllt diese leergewordene Stelle bei Weitem wieder aus.[885]
- IHM gehört eigentlich Alles, da ER die Ursache allen Seins ist[886]. Daher ist es nur recht und billig, wenn ich IHM in gewisser Weise mit einem Teil von dem was mir zur Verfügung gestellt wurde Anerkennung und Ehre gebe.[887]
- Und zum Schluss sei gesagt, Gott geht es nicht darum mich zu knechten sondern um mich freizusetzen. Und dass ich in einer klaren, reinen, offenen, liebevollen, achtenswerten Beziehung zu und mit IHM lebe.[888]

---

[882] 5.Mose 3,20 ; 5.Mose 25,19 ; 5.Mose 33,29
[883] Jer 29,11
[884] Mal 3,10 ; Ph 4,17 ; 2.Kor 9,11
[885] Eph 3,20
[886] Röm 11,36
[887] 2.Kor 5,9 ; 1.Kor 4,7 ; Lk 16,9 ; 1.Joh 3,17 ; 1.Pe 1,15-19
[888] Jak 1,25 ; Gal 5,13 ; Gal 5,1 ; Jer 29,11-14a

Als Fazit für das Reich Gottes kann ich sagen:
Gottes Herrschaft drückt sich in Freigiebigkeit, Freisetzung, Freiheit und Fürsorge aus.
Und damit möchte ich vorerst schließen.

**

Zusammenfassung der Merkmale des Reiches Gottes

- Gott ist alleiniger Herrscher und anbetungswürdig. Und er lässt Sich Seinen Ruhm von niemandem nehmen.
- Gottes Reich (= Reich der Himmel) ist ewig und daher beständig in seiner Kontinuität
- Gott hat Ordnungen gegeben, welche Basis aller Ordnungen seines Reiches sind
- Gott ist souveräner Herrscher
- Gottes Reich ist schöpferisch und kreativ
- Das Reich Gottes widerspiegelt den Charakter und Wesenszug Gottes
- Im Reich Gottes geht es um Identität und nicht um Positionen und Machtstellung
- Hingabe an Gott ist der Schlüssel für das Leben in der sichtbaren und unsichtbaren Welt.
- Allein das Dasein jeden geschaffenen Wesens hat Auswirkung auf die sichtbare und unsichtbare Welt.

- Für Gott und SEIN Reich muss ich mich entscheiden. (vorläufig)
- Es gibt nur ganz oder gar nicht; entweder – oder (vorläufig).
- Reich Gottes ist Einzigartigkeit (nicht Egoismus) zur Fülle/Vollendung gebracht.
- Gottes Segen wird durch egozentrische oder rebellische Haltung gehindert. (vorläufig, denn in Gottes Nähe gibt es diese nicht mehr)
- Das Reich Gottes ist von nichts abhängig um Seinen Segen entfalten zu können
- Das Reich Gottes ist angefüllt mit Dankbarkeit und dankbaren und Ehrung gebenden Wesen
- Die Ehrung Gottes geschieht nicht nur mit dem Mund sondern auch mit der Tat und dem Sein.
- Einmal abgegebene Versprechen Gottes haben ihre Gültigkeit bis sie entweder in Erfüllung kommen oder ewig Bestand haben
- Freisetzung durch Verheißung geht vor menschlicher Ungeduld (vorläufig)
- Die Verheißungen Gottes sind der Beziehung zu Gott untergeordnet.
- In der Beziehung zu Gott ist folgendes enthalten: Vaterschaft, Heimat, Identität, Schutz, Segen,

Beziehung, Offenbarung, Fruchtbarkeit, Kreativität, Mut, Kraft, Autorität, Entschlossenheit, Kontinuität in der Nachfolge, Dankbarkeit, Aufopferung, Verheißung, Opfer, ewiger Bund.

- Das Reich Gottes ist Bestimmung, und Segen um in dieser Bestimmung laufen zu können.
- Nur in der Begegnung mit Gott komme ich zu meiner Identität
- Ein Prinzip des Reiches Gottes ist, als Berufene und Auserwählte zu agieren.
- Gottes Absichten kommen mit Beharrlichkeit am Ende durch
- Weil Gott der Garant dafür ist, ist Alles, was ich benötige vorhanden
- Gott bietet Schutz für SEIN Volk, dieses muss aber dennoch den Stab aufheben um vorwärts zu gehen (vorläufig)
- Gottes Volk akzeptiert und richtet die Annahme der Führung Gottes auf.
- Das Volk Gottes ist Sprachrohr und sichtbarer Ausdruck SEINER Absichten.
- Will Gott etwas Besonderes auf der Erde tun, lässt Er die beteiligten Personen sich im Zurückziehen vorbereiten. (vorläufig)

- Die 10 Gebote offenbaren auch ein stückweit die Grundlagen in Gottes Reich
  - Gott ist allein anbetungswürdig/-wert,
  - Gott ist unermesslich größer als je ein erschaffenes Wesen erfassen kann,
  - Gottes Namen sind unantastbar, denn sie spiegeln Seinen Charakter wieder,
  - Alle Wesen sind abhängig von Gottes Reden, Handeln und Sein
  - Wer Gottes eingesetzte Vertreter Respekt und Ehrung entgegenbringt, der Ihnen gebührt, ehrt Gott und wird Segen davontragen,
  - Gott hat Macht und Recht Leben zu geben und zu nehmen,
  - Der Mensch (so er glaubt) steht in einem eheähnlichen Bund mit Gott,
  - Die Verteilung von Ansprüchen und Besitzrechten durch Gott werden akzeptiert und respektiert,
  - Gottes Reich besteht auf Wahrheit und Gerechtigkeit
  - Eine Integere Haltung gegenüber Gott ist Teil der Identität in Gott

- Der Mensch muss von Schuld und von der Welt errettet werden und die Unverweslichkeit anziehen. Er füllt sich mit geistlicher Speise, Gottes Ordnungen und seine Identität ist in Gott
- Der Ausdruck der Beziehung des Menschen zu Gott ist durch das Wort, das Gebet und die Hingabe.
- Der Mensch wird durch das Opfer nicht nur frei von Schuld gemacht sondern auch in den ursprünglich von Gott geplanten Zustand gebracht und er lässt das Alte hinter sich um in dem Neuen zu leben
- Die Aussage der Stiftshütte ist–Der Mensch trifft eine Entscheidung, sich von seinem alten Leben ab- und hin zu Gott zuwenden. Er beginnt Gott die Ehre zugeben und lässt seinen Verstand, Handlungen und Aufenthaltsorte reinigen. Er gibt sich vollkommen hin und bekommt Offenbarung und Erkenntnis durch das Wort. Er festigt seine Beziehung durch die verschiedenen Arten des Gebetes. Er akzeptiert die Identität, welche Gott für ihn vorgesehen hat.
- Im Reich Gottes ist Hingabe der Schlüssel für Gebete die erhört werden sollen

- Im Reich Gottes gibt es klare Aussagen damit ich diese erkenne und die richtigen Schritte mache, welche notwendig sind
- Das Reich Gottes besteht aus Menschen, welche angefüllt mit Gottes Geist SEINE Weisheit und Wahrheit hervorsprudeln lassen.
- Das Reich Gottes besteht aus Personen welche sich mit Gottes Absichten identifizieren und übereinstimmen und in deren Leben, unbeachtet der Umstände, die Absichten Gottes durchkommen. Aus diesem Grund wird Gott ihnen auch noch größere Verantwortung übertragen können
- Im Reich Gottes hat und bekommt jeder von Gott seinen Platz den er/sie ausfüllen kann und Gott weiß was das Beste ist.
- Gottes Reich wird von Wahrheit ausgefüllt und hat kein Platz für Entgegenstehendes.
- Wenn ich in das mir verheißene Land hineinkommen möchte, geht es nicht ohne Kämpfe ab.
- Solange ich unter der Hand Gottes bin, bin ich in Seinem Segen und kein Fluch der Welt oder des Feindes hat die Macht mich zu zerstören

- Durch Gottes Führung wird die richtige Zeit, Ort und Art und Weise erkannt
- Der Erfolg hängt von der Präsenz SEINES Wortes in und durch die Person ab.
- Gottes Reich ist stark und kann sich auf der Erde stark erweisen, wenn die Autorität an IHN abgegeben wird
- Nur eine kontinuierlich gepflegte Beziehung zu Gott lässt mich im Sieg leben, weil nicht ich sondern Gott der Garant meines Sieges ist.
- Egal, welche Sache es auch ist durch die man Erfolg haben könnte, der Ruhm gehört letzten Endes immer Gott.
- Die geschlechtlichen Beziehungen spielen in Gottes Reich am Ende nicht die Rolle, wie zu Lebzeiten eines Menschen auf der Erde. Hier kann solch eine Beziehung aber zum Niedergang oder zum Leben + Segen führen und dem Reich Gottes indirekt helfen oder schaden.
- Der Platz im Reich Gottes basiert nicht nur auf der Bereitschaft alles hinter sich zu lassen, sondern auch auf dem Handeln
- Das Reich Gottes ist stark, weil es seinen Gott, soweit es möglich ist kennt. Die Wirksamkeit wird

auf der Erde durch das Handeln gefördert oder beeinträchtigt
- Gott benötigt keinen Wohlstand IHM gehört alles. ER ist eher darauf bedacht, dass die, welche in SEINEM Auftrag stehen, die Dinge haben, was sie benötigen.
- IHM ist nicht an kriegerischen Handlungen gelegen. Vielmehr ist er auf Ausgleich bedacht. Dort wo es aber nicht anders geht, stellt ER sich zu SEINEM Volk und hilft in vielfältiger Art und Weise
- Weiter ist es IHM daran gelegen mir eher etwas zu geben anstatt zu nehmen. Und dort wo ER erwartet, dass ich IHM etwas gebe ist es nur deshalb, weil ER sieht und weiß, dass es mir nicht gut tut. Aber ER füllt diese leergewordene Stelle bei Weitem wieder aus.
- IHM gehört eigentlich Alles, da ER die Ursache allen Seins ist. Daher ist es nur recht und billig, wenn ich IHM in gewisser Weise mit einem Teil von dem was mir zur Verfügung gestellt wurde Anerkennung und Ehre gebe.
- Gottes Herrschaft drückt sich in Freigiebigkeit, Freisetzung, Freiheit und Fürsorge aus.

**

Was fange ich mit den Aussagen über das Reich Gottes an?

Wenn ich weiß, wo mein Erkenntnisstand lückenhaft ist, dann lerne ich. Wenn ich weiß, wo mein Körper schwach ist dann mache ich Übungen. Wenn ich weiß, dass meine Beziehung schwächelt dann suche ich die Nähe der Person.

Wenn ich weiß, was mich im Reich Gottes jetzt und später erwartet bereite ich mich darauf vor.

Ich kann nicht erwarten, dass alle Dinge wie im Schlaraffenland automatisch kommen. Wenn ich meine Staatsbürgerschaft ändere ist es auch nicht so, dass mein neues Heimatland mich mit allen möglichen Geschenken überhäuft. Es gilt eine neue Sprache zu lernen. Die sichtbaren und unsichtbaren Grenzen kennen zu lernen; sich mit den neuen Gesetzen und Gesetzmäßigkeiten auseinander zu setzen; Beziehungen zu knüpfen und meinen Platz auszufüllen. Meine irdische Hülle hat nur einen begrenzten Zeitraum zur Verfügung, mein geistliches

Wesen kann jedoch eine Ewigkeit haben. Wenn Jesus von diesem Reich so oft sprach sollte es für mich Grund genug sein, mich damit auseinander zu setzen. Und meine Erfahrung zeigt mir, dass je mehr ich Gottes Wahrheit über sein Reich und dessen Prinzipien erkenne und anwende, desto intensiver wächst meine Beziehung zu IHM und umso mehr Dinge werden für mich leichter. Möge die Wahrheit über Gottes wunderbares Reich mehr und mehr Menschen nicht nur freisetzen sondern sie dahin bringen ein ausgefülltes, zufriedenes und erfolgreiches Leben zu führen.

Ich wünsche mir, dass Du durch unseren wunderbaren Gott im Himmel, welcher alles für Dich bereit hält was Du brauchst gesegnet wirst.

Folgende Quellen wurden zu Hilfe genommen:
- Elbiwin: Lexikon und Revidierte Elberfelder Übersetzung (PC-Programm)
- Interlinear Übersetzung (Hebräisch-Deutsch) Gen-Deut (Hänssler Verlag)
- Biblisches Namen-Lexikon, Doz. theol. Dr. Abraham Meister (Verlag Mitternachtsruf)